Magento
Theme-Design

Richard Carter

Magento Theme-Design

Entwerfen Sie Schritt für Schritt professionelle Themes für Ihren Shop

 ADDISON-WESLEY

An imprint of Pearson Education

München • Boston • San Francisco • Harlow, England
Don Mills, Ontario • Sydney • Mexico City
Madrid • Amsterdam

Bibliografische Information der Deutschen Nationalbibliothek
Die Deutsche Nationalbibliothek verzeichnet diese Publikation in der Deutschen Nationalbibliografie;
detaillierte bibliografische Daten sind im Internet über http://dnb.d-nb.de abrufbar.

Die Informationen in diesem Produkt werden ohne Rücksicht auf einen eventuellen Patentschutz veröffentlicht.
Warennamen werden ohne Gewährleistung der freien Verwendbarkeit benutzt.
Bei der Zusammenstellung von Texten und Abbildungen wurde mit größter Sorgfalt vorgegangen.
Trotzdem können Fehler nicht vollständig ausgeschlossen werden.
Verlag, Herausgeber und Autoren können für fehlerhafte Angaben und deren Folgen weder eine juristische Verantwortung noch irgendeine Haftung übernehmen.
Für Verbesserungsvorschläge und Hinweise auf Fehler sind Verlag und Herausgeber dankbar.

Alle Rechte vorbehalten, auch die der fotomechanischen Wiedergabe und der Speicherung in elektronischen Medien.
Die gewerbliche Nutzung der in diesem Produkt gezeigten Modelle und Arbeiten ist nicht zulässig.

Fast alle Hardware- und Softwarebezeichnungen und weitere Stichworte und sonstige Angaben, die in diesem Buch verwendet werden, sind als eingetragene Marken geschützt. Da es nicht möglich ist, in allen Fällen zeitnah zu ermitteln, ob ein Markenschutz besteht, wird das ® Symbol in diesem Buch nicht verwendet.

Umwelthinweis:
Dieses Produkt wurde auf chlor- und säurefreiem PEFC-zertifizierten Papier gedruckt.
Um Rohstoffe zu sparen, haben wir auf Folienverpackung verzichtet.

Autorisierte Übersetzung der amerikanischen Originalausgabe:
„Magento 1.3 Theme Design"
Authorized translation from the English language edition, entitled Magento 1.3 Theme Design
by Richard Carter, published by Packt Publishing, Copyright © 2009
All rights reserved. No part of this book may be reproduced or transmitted in any form or
by any means, electronic or mechanical, including photocopying, recording or by any
information storage retrieval system, without permission from Pearson Education, Inc.
GERMAN language edition published by PEARSON EDUCATION DEUTSCHLAND, Copyright © 2010

10 9 8 7 6 5 4 3 2 1

12 11 10

ISBN 978-3-8273-2799-4

© 2010 by Addison-Wesley Verlag,
ein Imprint der Pearson Education Deutschland GmbH
Martin-Kollar-Straße 10–12, D-81829 München/Germany
Alle Rechte vorbehalten
Einbandgestaltung: Marco Lindenbeck, webwo GmbH (mlindenbeck@webwo.de)
Fachlektorat: Igor Jankovic, TMEDIA cross communication
Lektorat: Brigitte Bauer-Schiewek, bbauer@pearson.de
Korrektorat: Petra Kienle, Fürstenfeldbruck
Übersetzung: G & U Language & Publishing Services GmbH, Flensburg, www.GundU.com
Herstellung: Monika Weiher, mweiher@pearson.de
Satz: Reemers Publishing Services GmbH, Krefeld (www.reemers.de)
Druck: Bosch Druck, Ergolding
Printed in Germany

Inhaltsübersicht

	Der Autor	13
	Die Fachgutachter	14
	Vorwort	15
1	Einführung in Magento	17
2	Magento-Themes unter der Lupe	33
3	Magento-Themes: Die Grundlagen	43
4	Layout von Magento-Themes	79
5	Nicht-Standard-Themes	93
6	Erweiterte Magento-Themes	107
7	Magento-Themes für Fortgeschrittene	127
8	Social Media in Magento	139
9	Druckformate in Magento	155
10	Magento-Themes bereitstellen	169
	Stichwortverzeichnis	185

Inhaltsverzeichnis

	Der Autor		**13**
	Die Fachgutachter		**14**
	Vorwort		**15**
1	**Einführung in Magento**		**17**
	1.1	Was ist Magento?	17
		1.1.1 Die Merkmale von Magento	18
		1.1.2 Theme-Gestaltung mit Magento	18
		1.1.3 Standard-Themes von Magento	19
	1.2	Themes für Magento-Shops – warum?	20
	1.3	Beispiel-Themes	21
		1.3.1 Raspberry Kids	21
		1.3.2 Mia & Maggie	24
		1.3.3 Cacties	26
		1.3.4 The Recycled Retriever	28
	1.4	Zusammenfassung	31
2	**Magento-Themes unter der Lupe**		**33**
	2.1	Was macht ein Magento-Theme aus?	33
		2.1.1 Interfaces und Themes	33
		2.1.2 Standard- und Nicht-Standard-Themes	34
		2.1.3 Skins, Layouts und Templates	35
	2.2	Zusammenfassung	41

INHALTSVERZEICHNIS

3	**Magento-Themes: Die Grundlagen**	**43**
	3.1 Das Beispielprojekt: Cheesy Cheese Store	43
	3.1.1 Voraussetzungen	43
	3.1.2 Das Blank-Theme von Magento Connect	44
	3.2 Das Magento-Theme von Cheesy Cheese Store	57
	3.2.1 Das Design des Shops ändern	58
	3.2.2 Das Logo des Magento-Shops ändern	66
	3.2.3 Die Callouts entfernen	71
	3.3 Vorgestellte Produkte auf der Startseite anzeigen	74
	3.3.1 Eine Kategorie für ausgewählte Produkte anlegen	74
	3.3.2 Die Kategorie im CMS anzeigen	76
	3.4 Cheesy Cheese Store – Zwischenbilanz	77
	3.5 Zusammenfassung	78
4	**Layout von Magento-Themes**	**79**
	4.1 Themes und Layouts in Magento	79
	4.1.1 Das Layout des Shops mit dem CMS ändern	80
	4.1.2 Hinweise zu Template-Pfaden	82
	4.2 Layoutterminologie in Magento	84
	4.3 Kurze Einführung in XML	84
	4.3.1 Selbst schließende Elemente in XML	85
	4.3.2 XML-Elemente normal schließen	85
	4.3.3 Zeichenmaskierung in XML	85
	4.4 Magento-Layouts mit XML anpassen	86
	4.4.1 Speicherort der Layoutdateien	88
	4.4.2 Handles	88
	4.4.3 Magento-Layouts: Ein weiteres Beispiel	90
	4.5 Das Layout einer Seite ändern	92
	4.6 Zusammenfassung	92

INHALTSVERZEICHNIS

5	**Nicht-Standard-Themes**	**93**
	5.1 Nicht-Standard-Themes verwenden	93
	5.1.1 A/B-Tests	94
	5.1.2 Einfach zurückzunehmende Themes	94
	5.2 Nicht-Standard-Themes	94
	5.3 Theme-Hierarchie	95
	5.3.1 Verzeichnisstruktur von Magento-Themes	95
	5.3.2 Nicht-Standard-Themes zuweisen	97
	5.3.3 Einschränkungen beim Zuweisen von Themes	98
	5.4 Nicht-Standard-Themes erstellen	99
	5.4.1 Skin-Änderungen	99
	5.4.2 Template-Änderungen	100
	5.5 Zusammenfassung	106
6	**Erweiterte Magento-Themes**	**107**
	6.1 Unser neues Design	107
	6.2 Gerüst-Templates erstellen	108
	6.2.1 getChildHtml	110
	6.2.2 Das Gerüst-Template zuweisen	110
	6.3 Blöcke in Magento	111
	6.3.1 Strukturblöcke	111
	6.3.2 Inhaltsblöcke	112
	6.3.3 Einfügungen im <head>-Tag	113
	6.3.4 Die Datei header.phtml für den Shop erstellen	114
	6.3.5 Footer.phtml	116
	6.3.6 Pager.phtml	117
	6.3.7 Wrapper.phtml	117
	6.3.8 IDs und Klassen in Magento	118
	6.3.9 Gestaltung mit CSS	119
	6.4 Den Cache abschalten	124
	6.5 Ein Favoritensymbol erstellen	125
	6.6 Das Theme festlegen	125
	6.7 Zusammenfassung	126

INHALTSVERZEICHNIS

7 Magento-Themes für Fortgeschrittene — 127
- 7.1 Aufgaben der Theme-Gestaltung — 127
  - 7.1.1 Die Produktseite anpassen — 128
  - 7.1.2 Die Navigation anpassen — 131
  - 7.1.3 Eine eigene „Nicht gefunden"-Seite erstellen — 132
  - 7.1.4 Erweiterte Layouts in Magento — 133
- 7.2 Zusammenfassung — 138

8 Social Media in Magento — 139
- 8.1 Twitter in Magento integrieren — 139
  - 8.1.1 Viel Gezwitscher um Ihren Shop — 142
  - 8.1.2 Twitter-Updates im Magento-Shop anzeigen — 142
  - 8.1.3 Das Twitter-Modul LazzyMonks installieren — 142
  - 8.1.4 Andere Möglichkeiten zur Integration von Twitter in Magento — 145
- 8.2 Get Satisfaction in Magento integrieren — 146
- 8.3 Social Bookmarks in Magento integrieren — 148
  - 8.3.1 Social-Bookmarking-Dienste — 148
  - 8.3.2 AddThis in Magento verwenden — 150
- 8.4 Zusammenfassung — 153

9 Druckformate in Magento — 155
- 9.1 Druck-Stylesheets anzeigen — 155
- 9.2 Druck-Stylesheets in anderen Magento-Themes — 155
  - 9.2.1 Das Druckformat für das Standard-Theme — 156
- 9.3 Gutes Design für Druck-Stylesheets — 159
  - 9.3.1 Einschränkungen des Druck-Stylesheets — 159
  - 9.3.2 Was im Ausdruck erscheinen sollte — 160
  - 9.3.3 Was wir vom Ausdruck ausschließen können — 160
- 9.4 Das Theme für den Ausdruck formatieren — 161
  - 9.4.1 Druck-Stylesheets in Magento zuweisen — 162
- 9.5 CSS-Gestaltung für den Ausdruck — 162
  - 9.5.1 Bilder — 163
  - 9.5.2 Farben im Ausdruck — 163
  - 9.5.3 Links im Ausdruck — 164
  - 9.5.4 Typografie im Ausdruck — 164
  - 9.5.5 Layout im Ausdruck — 165
- 9.6 Zusammenfassung — 167

INHALTSVERZEICHNIS

10	**Magento-Themes bereitstellen**	**169**
	10.1 Browserübergreifende Tests	169
	10.1.1 Die Verbreitung der einzelnen Browser	170
	10.1.2 Browsertestdienste	170
	10.2 Das Magento-Theme im eigenen Shop bereitstellen	172
	10.2.1 Das Theme festlegen	173
	10.2.2 Template-Pfadhinweise ausschalten	174
	10.2.3 Den Systemcache einschalten	175
	10.3 Das Magento-Theme verpacken	177
	10.3.1 Arten von Magento-Beiträgen	177
	10.3.2 Was gehört in das Paket für ein Magento-Theme?	178
	10.3.3 Das Paket erstellen	178
	10.3.4 Das Theme in der Magento-Community veröffentlichen	183
	10.4 Zusammenfassung	184
	Stichwortverzeichnis	**185**

Der Autor

Richard Carter ist ein Webdesigner aus dem Nordwesten Englands. Er hat als freiberuflicher Webdesigner in Leicestershire gearbeitet, bevor er die Durham University besuchte, wo er seinen Geschäftspartner Michael Peacock traf. Kurz danach haben die beiden die Firma Peacock Carter gegründet (http://www.peacockcarter.co.uk), eine Webdesign-Agentur mit Sitz in Großbritannien. Zurzeit lebt Richard Carter in York und Durham.

Magento Theme Design ist sein zweites Buch. In seinem ersten Buch, *Media Wiki Skins Design*, ging es darum, Skins für die beliebte Wiki-Software zu entwerfen, die Websites wie AboutUs.org und Wikipedia zugrunde liegt.

Ich möchte meinem Partner Danni sowie Michael Peacock danken, die mein nächtliches Aufbleiben und nicht enden wollendes Am-Kopf-Kratzen ertragen haben, das die Fertigstellung dieses Buches zu einem immer enger werdenden Termin mit sich gebracht hat. Danke auch an das Redaktionsteam von Packt für die Hilfe und Beharrlichkeit während der Arbeit an diesem Buch.

Ich danke auch sehr den Fachgutachtern, die dieses Buch zweifellos verbessert und auf den Punkt gebracht haben, und Varien für den Start einer unglaublich vielseitigen E-Commerce-Plattform.

Zum Schluss möchte ich auch Ihnen, den Lesern, für den Erwerb dieses Buches danken. Ich hoffe, es wird für Sie von Nutzen sein.

Die Fachgutachter

José Argudo ist ein Webentwickler aus Valencia. Nach dem Abschluss seines Studiums hat er für eine Softwarefirma gearbeitet, und zwar immer mit PHP, einer Sprache, die er zu lieben gelernt hat. Nach sechs Jahren vertraut er nun auf seine gesammelten Erfahrungen und arbeitet freiberuflich, um den Projekten, die ihm anvertraut werden, seinen eigenen Stempel aufdrücken zu können.

Mit Joomla!, Codeigniter, Cakephp, Jquery und anderen bekannten Open-Source-Technologien und -Frameworks möchte er stabile und zuverlässige Anwendungen erstellen, die seinem Wunsch nach einer bequemeren Nutzung des Webs Rechnung tragen.

Er hat auch als Fachgutachter beim Buch *Magento Beginners Guide* mitgewirkt und hofft, weiterhin an Magento-Projekten teilhaben zu können.

Für meinen Bruder. Ich wünsche ihm nur das Beste.

Kara Heinrichs leitet den Onlinebereich der HoMedics-Gruppe, die HoMedics, Salter Housewares, Taylor Precision, Obus Forme, SI Products (Markenlizenznehmer von The Sharper Image) und Powermat umfasst. Alle diese Shops werden bis Ende des Jahres unter Magento betrieben sein. Vor ihrer Anstellung bei HoMedics hat Kara das Forschungs- und Analyseteam für den Bereich der Regierungs- und Finanzdienstleistungen bei ForeSee Results geleitet, einem Unternehmen zur Erforschung der Kundenzufriedenheit.

Sie war auch Chief Experience Officer und Director of Information Design and Analysis bei Fry, einem Unternehmen für E-Commerce-Design und -Dienstleistungen, und hat Webdesign und -entwicklung an der University of Michigan gelehrt.

Ihr erstes Magento-Theme hat sie im Dezember 2007 während der Weihnachtsfeiertage entwickelt. Dabei hat sie eine Website neu erstellt, für deren bis dahin armselige Implementierung eine andere Firma fast das ganze vergangene Jahr gebraucht hatte und die dann verkauft worden war.

Vorwort

Dieses Buch zeigt Ihnen, wie Sie Themes für Magento Commerce entwickeln, eine Open-Source-Plattform für E-Commerce-Lösungen. Sie erhalten Anleitung, um sich mit den Besonderheiten und der umfangreichen Architektur von Magento zurechtzufinden, und bekommen die Informationen, die Sie brauchen, um optimale Magento-Themes zu erstellen.

Der Aufbau dieses Buchs

Kapitel 1 gibt Ihnen eine Einführung in Magento, stellt einige der verfügbaren Themes vor und zeigt Ihnen, was mit selbst erstellten Themes möglich ist.

Kapitel 2 gibt einen Überblick darüber, wie die einzelnen Komponenten von Magento zusammenwirken, um das Endergebnis hervorzubringen.

In *Kapitel 3* lernen Sie die Grundlagen der Theme-Gestaltung in Magento kennen. Sie erfahren z. B., wie Sie das Farbschema und das Logo ändern und wie Sie dafür sorgen, dass Ihr Theme in Ihrem Shop angezeigt wird.

In *Kapitel 4* sehen wir uns Magento-Layouts an und erfahren, wie wir damit unseren Shop ändern.

In *Kapitel 5* geht es um Nicht-Standard-Themes in Magento und darum, wie Sie sie zum Vorteil Ihrer Kunden nutzen können.

Kapitel 6 behandelt Magento-Themes ausführlicher und führt Sie in neue Methoden ein, mit denen Sie Ihren Shop verbessern können.

Kapitel 7 zeigt erweiterte Layoutmöglichkeiten in Magento und macht Sie damit vertraut, wie Sie für Ihren Shop ausgefeiltere Layouts verwenden können.

In *Kapitel 8* erfahren Sie, wie Sie Ihren Shop durch die Aufnahme von Social Media wie Twitter und andere Diensten verbessern und die Kundenbindung erhöhen.

Kapitel 9 führt vor, wie Sie ein optimales Druckformat für Ihren Magento-Shop erstellen.

In *Kapitel 10* erfahren Sie, wie Sie Ihr Theme in Ihrem Shop bereitstellen und wie Sie es als Erweiterung verpacken, um es in der Magento-Community zu veröffentlichen.

Voraussetzungen

Sie brauchen eine Magento-Installation, entweder auf Ihrem lokalen Computer oder auf einem Server im Netzwerk, einen Codeeditor Ihrer Wahl und Berechtigungen zum Bearbeiten der Dateien.

VORWORT

Zielpublikum

Dieses Buch richtet sich an Webdesigner und Entwickler, die Erfahrungen mit CSS und (X)HTML haben, aber mit den Besonderheiten von Magento noch nicht vertraut sind.

Schreibweisen

In diesem Buch verwenden wir eine Reihe von Formaten, um zwischen den verschiedenen Arten von Informationen zu unterscheiden. Im Folgenden finden Sie einige Beispiele dieser Gestaltungsregeln sowie deren Bedeutung.

Einzelne Begriffe aus dem Code werden innerhalb des Fließtextes wie folgt gekennzeichnet: „Mithilfe der Direktive include können wir auch andere Kontexte einschließen."

Ein Codeblock erscheint wie folgt:

```
<title><?php echo $this->getTitle() ?></title>
<meta http-equiv="Content-Type" content="
   <?php echo $this->getContentType() ?>" />
<meta name="description" content="
   <?php echo htmlspecialchars($this->getDescription()) ?>" />
<meta name="keywords" content="
   <?php echo htmlspecialchars($this->getKeywords()) ?>" />
```

Wenn wir Ihre Aufmerksamkeit auf eine bestimmte Stelle in einem Codeblock lenken wollen, sind die betreffenden Zeilen oder Elemente wie folgt hervorgehoben:

```
<layout version="0.1.0">
   <default>
      <block type="page/html" name="root" output="toHtml"
         template="page/default.phtml">
      <!--layout continues -->
```

Neu eingeführte Begriffe und *wichtige Wörter* sind kursiv gesetzt. Elemente, die Sie auf dem Bildschirm sehen, z. B. in Menüs oder Dialogfeldern, sind im Text folgendermaßen hervorgehoben: „Klicken Sie auf die Schaltfläche NEXT, um zum nächsten Bildschirm zu wechseln."

> **HINWEIS** **Warnungen und wichtige Hinweise erscheinen in einem Kasten wie diesem.**

> **TIPP** **Tipps und Tricks werden so angezeigt.**

1. Einführung in Magento

Magento Commerce ist ein ausgezeichneter Ausgangspunkt für einen Onlineshop. Für Designer ohne technischen Hintergrund ist dies zwar eine Herausforderung, gleichzeitig aber auch eine lohnenswerte Gelegenheit, ihre Kenntnisse zu prüfen. In diesem Kapitel beschäftigen wir uns mit Folgendem:

» Was Magento ist und was es kann

» Der Standard-Skin von Magento (Design)

» Themes von bestehenden Shops, die mit Magento erstellt wurden

1.1 Was ist Magento?

Magento (http://www.magentocommerce.com) ist eine für ihren Funktionsumfang berühmte Open-Source-Plattform für E-Commerce-Lösungen, die allerdings in dem Ruf steht, dass die Erstellung von Themes nicht ganz einfach ist.

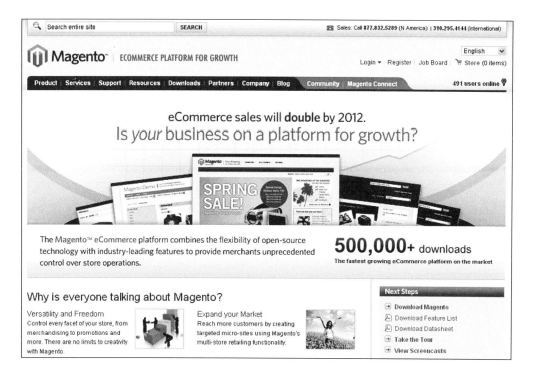

1.1.1 Die Merkmale von Magento

Magento ist ein umfangreiches E-Commerce-System, das auf dem Framework Zend PHP aufbaut. Es besitzt alle Merkmale, die Sie von einem typischen elektronischen Einkaufssystem erwarten, und verfügt zudem über einige bemerkenswerte Erweiterungen:

- Verwaltung mehrerer Shops über eine zentrale Bedienungskonsole
- Möglichkeiten zur Lokalisierung von Texten und Währungsangaben
- Eine Programmierschnittstelle (Application Programming Interface, API), die die Eingliederung von Drittherstellersoftware erlaubt
- Suchmaschinenfreundliche Attribute wie anpassbare URLs und automatisch generierte Sitemaps
- RSS-Feeds für neue Produkte
- Abgestufte Preisgestaltung, die Ermäßigung bei größeren Abnahmemengen erlaubt
- Auslieferungsangaben von bekannten Zustellern in Echtzeit
- Viele Möglichkeiten für den Zahlungsverkehr, z. B. PayPal und `authorize.net`
- Verkauf von Zubehörartikeln zu den einzelnen Waren
- Zentrale Kassenseite
- Bestellungs- und Produktauswertungssystem
- Automatisches Hinzufügen von Wasserzeichen und automatische Größenanpassung bei Bildern

1.1.2 Theme-Gestaltung mit Magento

Trotz seiner Leistungsfähigkeit weist Magento folgende Nachteile auf:

- Es ist für Entwickler schwieriger, Magento mit Themes zu versehen als andere Open-Source-Anwendungen wie beispielsweise WordPress.
- Sein modularer Aufbau kann als Nachteil angesehen werden, da die Änderung an einem Theme die Bearbeitung mehrerer Dateien in verschiedenen Verzeichnissen zur Folge hat (mehr als bei anderen Softwarepaketen).

- » Unzureichende oder fehlende Dokumentation
- » Anzahl der Technologien, mit denen ein Theme-Designer in Magento vertraut sein muss – XML, PHP, HTML und CSS
- » Der große Lernaufwand, der Entwicklern kleinerer Theme-Systeme mit einer kleinen Anzahl von Templates abverlangt wird

Das Wunderbare an einem quelloffenen E-Commerce-System wie Magento ist die Tatsache, dass Sie sich daran beteiligen können, die fehlenden Merkmale zu erstellen und die Mängel in der nächsten Veröffentlichung zu beseitigen!

Es lohnt sich, ein angepasstes Theme für Ihren Magento-Shop zu erstellen. Als relativ neues und leistungsfähiges E-Commerce-System mit wachsender Community wandelt sich Magento schnell zum nächsten großen Namen im E-Commerce. Daher sind Kenntnisse im Erstellen von Magento-Themes jetzt und in Zukunft sehr wichtig.

1.1.3 Standard-Themes von Magento

Das Standard-Theme von Magento trägt den Namen default und bietet einen attraktiven, grundlegenden Entwurf (Skin) für Ihren Shop.

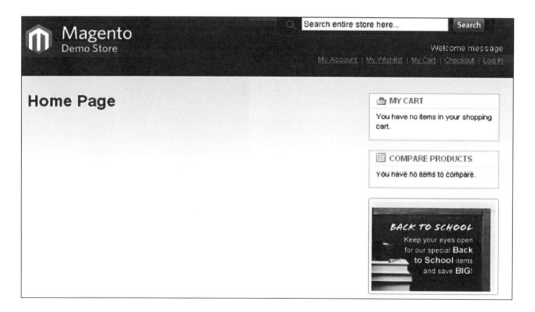

Der Standard-Skin bildet ein gutes Gerüst, in dem jedes erforderliche Element eines guten Shops bereits dort ist, wo Sie es erwarten. Beispielsweise befinden sich die Schaltflächen für die Suchfunktion, die Kontoeinstellung und die Abmeldung auf der rechten oberen Seite des Bildschirms und das Logo standardmäßig auf der linken.

Diese Merkmale sind auf vielen Websites zu finden, weshalb es klug ist, sie im Standard-Theme von Magento beizubehalten, da Ihre Besucher sicher insgesamt mehr Zeit auf anderen Websites verbringen als auf Ihrer. Der Großteil der Besucher Ihres Shops wird diese Elemente an den im Theme vorgegebenen Positionen suchen.

Die helle Hintergrundfarbe im Hauptbereich der Seite bildet einen hervorragenden Kontrast zum Inhalt, wobei der dunklere Kopfzeilenbereich wie oben beschrieben hilft, die optische Hierarchie innerhalb der Seite herzustellen.

Es ist zwar ohne Zweifel ein sauberes und gut aussehendes Theme, allerdings ist es das Standard-Theme von Magento und somit sehr allgemein gehalten. Wahrscheinlich ist es also nicht die beste Wahl für Ihren Shop (wie wir sehen werden).

1.2 Themes für Magento-Shops – warum?

Ihren Magento-Shop mit Themes anzupassen, ist eine gute Möglichkeit, um folgende Ziele zu erreichen:

» Ihren Onlineshop von Shops oder Websites Ihrer Mitbewerber abheben

» Ihre Verkaufszahlen und das Ansehen Ihres Unternehmens steigern

» Saisonale Verkäufe durch die Verwendung alternativer Themes fördern, die zeitlich begrenzt nur zu einer bestimmten Jahreszeit angezeigt werden

» Bestehende Merkmale in Magento entfernen oder verändern

» Eine bestehende Website an neue oder aktualisierte Gewerbebestimmungen anpassen

1.3 Beispiel-Themes

In Magento können Sie maßgeschneiderte Themes für Ihren Shop erstellen, wie die folgenden Beispiele bestehender Shops zeigen.

1.3.1 Raspberry Kids

Raspberry Kids (http://www.raspberrykids.com) ist ein mit Magento erstellter Shop für Kinderspielzeug. Wie Sie sehen, unterscheidet sich der Skin deutlich vom Standard-Skin und ist hervorragend für die zu verkaufenden Produkte geeignet.

Obwohl der Shop viele Merkmale von Magento beibehält, unterscheidet er sich deutlich vom Standard-Theme. Die Kategorieseite zeigt ein Layout, das in vielen anderen E-Commerce-Shops ähnlich aussieht und bei dem der Warenkorb rechts angeordnet ist.

KAPITEL 1   Einführung in Magento

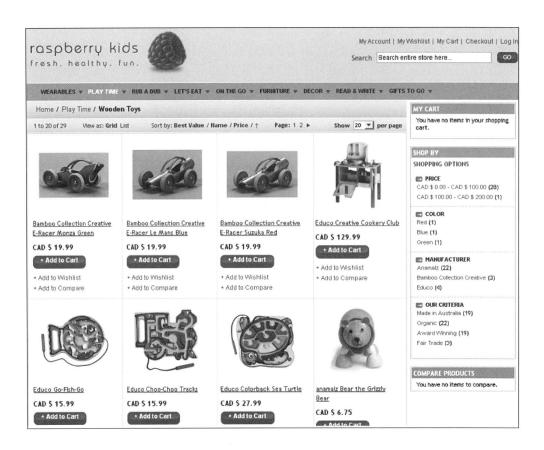

Der Shop stellt die Auswahlmöglichkeiten für den Kunden in der rechten Spalte dar und bietet Möglichkeiten zum Filtern der Produkte nach Preis, Farbe und Hersteller.

KAPITEL 1   Einführung in Magento

Das Hauptgewicht der Produktseite liegt darauf, die Waren in den Warenkorb zu legen. Zudem kann der Kunde das Produkt bewerten und Produktinformationen an einen Bekannten senden. Die Produktangaben werden geschickt auf Registerkarten angezeigt, so dass der Kunde nicht mit zu vielen Informationen auf einmal überschüttet wird.

1.3.2 Mia & Maggie

Mia & Maggie (http://www.miaandmaggie.com) ist ein mit Magento erstellter Onlineshop für Tierzubehör.

Ungewöhnlicherweise befindet sich der Warenkorb in der linken Spalte, was für einige Besucher etwas verwirrend sein kann.

Der Shop verwendet die Möglichkeiten des Inhaltsverwaltungssystems (Content Management System, CMS) von Magento sehr geschickt, wobei die Hauptnavigation zu Seiten mit Größentabellen für Tiere, Unternehmensinformationen (solche Angaben steigern den Ruf eines Onlineshops) und einer Fotogalerie führt. Besonders die Galerie ist ein werbewirksames Merkmal, da sie dabei hilft, eine Anhängerschaft aufzubauen, was zweifelsohne dazu führt, dass Kunden den Shop erneut besuchen.

KAPITEL 1   Einführung in Magento

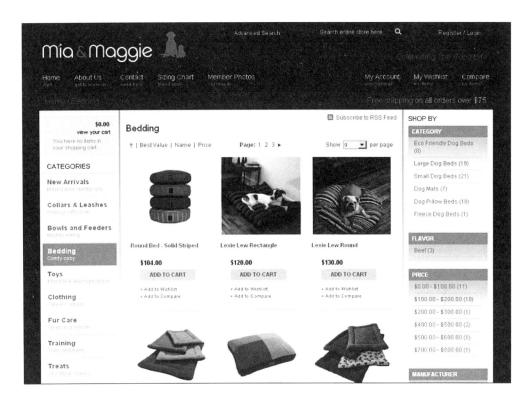

Die Produktseiten des Shops zeigen das Bild und den Namen der Waren an herausragender Stelle an. Dabei werden auch die Magento-Funktionen für eine Wunschliste und den Produktvergleich verwendet.

1.3.3 Cacties

Cacties (http://mycacties.com) verkauft Designerkrawatten und Halstücher in einem mit Magento erstellten Shop.

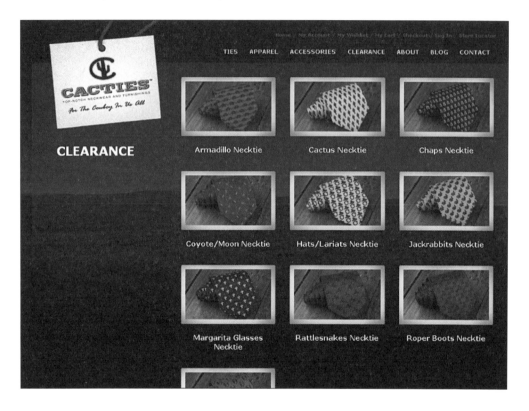

In diesem Shop wurden viele der Elemente von Magento entfernt, darunter auch die Suchfunktion und der Warenkorb, da es den Besucher entfremden könnte, wenn er die gewohnten Module nicht vorfindet.

Die Kategorieseite zeigt große und qualitativ hochwertige Bilder der Produkte zusammen mit deren Namen an, während weder Preisangaben noch Möglichkeiten vorhanden sind, Produkte zum Warenkorb hinzuzufügen.

KAPITEL 1 Einführung in Magento

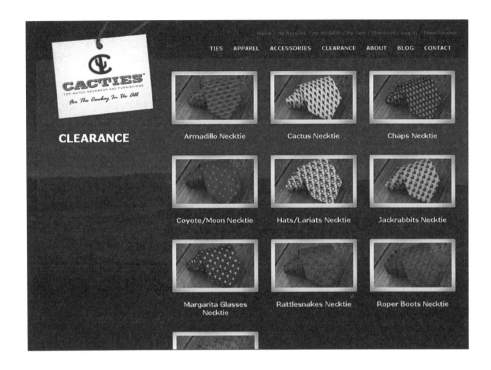

Die Produktansicht im Magento-Theme des Cacties-Shops konzentriert sich auf das Bild und den Preis des Produkts.

1.3.4 The Recycled Retriever

The Recycled Retriever (http://www.therecycledretriever.com/store) verkauft umweltfreundliche Produkte für Tiere.

Dieser Shop ist ein interessantes Studienobjekt, da er nicht wie ein typisches Magento-Theme aussieht. Die Gestaltung ist erfrischend und klar gegliedert, wodurch verdeutlicht wird, was hier verkauft wird.

Wie Mia & Maggie fördert dieser Shop die Bildung einer Anhängerschaft durch eine Fotogalerie, in der Kunden ermuntert werden, ihre Bilder einzustellen. Der aktuellste Blogeintrag wird zudem auf der Startseite des Shops angezeigt.

In der Fußzeile des Skins können sich die Besucher für den Newsletter des Shops anmelden. Dies erlaubt es, das Hauptaugenmerk auf die Produkte zu legen.

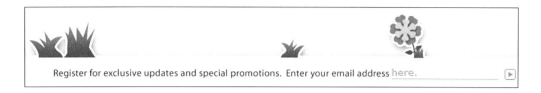

Die Kategorieseite verwendet viele bekannte Elemente wie Möglichkeiten zum Filtern der Anzeige und zum Einstellen der Produkte in den Warenkorb. Allerdings wurde der Wunschzettel aus dem Theme entfernt.

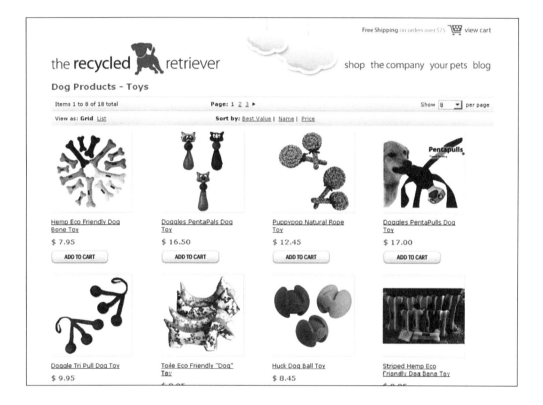

Die Produktseite ist ähnlich einfach aufgebaut. Sie konzentriert sich auf Auswahlmöglichkeiten und Produktinformationen. Mit dem Link zur Bewertung des Produkts wird auch hier eine Kundengemeinschaft gefördert. Oberhalb der Produktbeschreibung erscheint eine Übersicht über das Produkt. Außerdem besteht die Möglichkeit, Bilder zu vergrößern und zu verkleinern. Hierdurch bekommen die Kunden eine genauere Vorstellung davon, was sie von einem Produkt erwarten können.

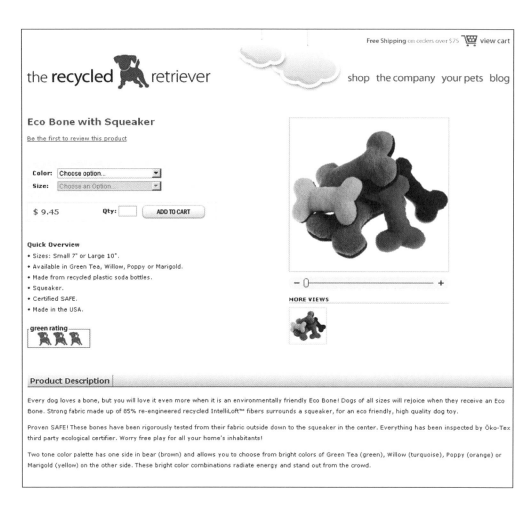

Die breite Palette von Shops, die wir uns angesehen haben, demonstriert die Vielseitigkeit von Magento. Die unterschiedlichen Designs zeigen, dass es aufgrund der Flexibilität von Magento möglich ist, unseren Shop von anderen abzuheben und die von Magento bereitgestellten Standard-Themes erheblich zu verbessern.

Wenn Sie lernen, wie Sie Ihren Magento-Shop mit einem Theme versehen, eröffnen Sie sich die Möglichkeit, einen noch besseren E-Commerce-Shop zu gestalten.

1.4 Zusammenfassung

Wir haben Ihnen Magento vorgestellt und dabei Folgendes erklärt:

» Was Magento ist

» Was Magento kann

» Wie bestehende Magento-Skins aussehen

Jetzt können wir damit beginnen, uns die Magento-Skins anzusehen und unseren Onlineshop anzupassen.

2. Magento-Themes unter der Lupe

Wir haben uns angesehen, wozu Magento in der Lage ist, und bestehende Magento-Themes untersucht, darunter auch das nach der Installation angezeigte Standard-Theme. Bevor wir mit der eigenen Theme-Gestaltung beginnen, schauen wir uns zunächst an, woraus ein Theme besteht.

2.1 Was macht ein Magento-Theme aus?

Ein Magento-Theme besteht aus drei Dingen:

1. XML-*Layoutdateien*: Sie geben das Layout für das verwendete Design an.
2. PHTML-*Templates*: Dateien, die eine Kombination aus PHP- und HTML-Code enthalten. Diese Dateien legen fest, wie bestimmte Elemente eines Layouts aussehen (beispielsweise der Warenkorb).
3. *Skins*: Sie enthalten den CSS-Code (Cascading Style Sheets) und die Bilder, die für das gewünschte Erscheinungsbild Ihrer Magento-Seiten benötigt werden.

2.1.1 Interfaces und Themes

Die Begriffe Theme und Interface haben in Magento Commerce unterschiedliche Bedeutung.

Interfaces in Magento

Ein *Interface* in Magento besteht aus *einem oder mehreren* Themes, die zusammen das bilden, was Sie und somit auch Ihre Kunden in Ihrem Shop sehen. Wie wir sehen werden, können Sie in Magento mehr als ein Theme auf einmal verwenden, so dass ein Interface nicht zwingend nur aus einem Theme bestehen muss.

Themes in Magento

Ein Theme definiert das Aussehen und die Anmutung eines Shops. In Magento können einem Interface mehrere Themes zugewiesen sein, was die Verwendung saisonaler Bilder (beispielsweise in der Weihnachtszeit oder zu Ostern) ermöglicht.

Ein Theme enthält die Layouts, Templates und Skins. Mehr darüber erfahren Sie weiter hinten in diesem Kapitel.

> **TIPP**
>
> **Sprachversionen in Magento**
>
> In mehrsprachigen Magento-Shops können Themes auch Sprachversionen (Locales) enthalten, die eine Übersetzung der Inhalte darstellen.

2.1.2 Standard- und Nicht-Standard-Themes

Um das Durcheinander zu erhöhen, gibt es auch zwei Arten von Themes: Standard- und Nicht-Standard-Themes.

Standard-Themes

Ein *Standard-Theme* in Magento ist das Haupt-Theme eines Interface. Magento sucht nach diesem Standard-Theme und lädt es in das Front-End des Shops (dies ist der Teil, den die Kunden sehen).

> **HINWEIS**
>
> Das Standard-Theme muss alle Elemente enthalten, denen ein Besucher des Shops begegnen soll. Dazu gehören der Warenkorb, die Kasse usw. Wenn Ihr Theme diese Elemente nicht enthält, müssen Sie sie auch nicht in Ihrem Standard-Theme platzieren.

Nicht-Standard-Themes

Ein Nicht-Standard-Theme erlaubt es, saisonal angepasste Onlineshops zu erstellen, bei denen zusätzliche Designelemente wie CSS oder Bilder hinzugefügt werden. Nicht-Standard-Themes können Sie in Ihrem Shop auch für Folgendes verwenden:

» Um ein anderes Erscheinungsbild oder Layout für einzelne Produktseiten festzulegen, die weniger (oder mehr) Informationen als normale Produkte benötigen

» Als Möglichkeit zur Darstellung neuer oder noch nicht erschienener Produkte, die die Kunden nicht in den Warenkorb legen können

» Zum Anpassen einzelner Aspekte Ihres Shops an landesspezifische Gegebenheiten. Zum Beispiel mögen Kunden in einem Land erwarten, dass sich eine bestimmte Schaltfläche an einer anderen Position befindet.

Theme-Hierarchie

Da Sie in Magento mehrere Themes verwenden können, gibt es eine Hierarchie, mit der Sie deren Anzeigereihenfolge festlegen können. Das Standard-Theme bildet vom Erscheinungsbild bis zur Anzeigeposition von Elementen die Grundlage für jeden Aspekt des Magento-Shops. Nachfolgende Themes können die Anweisungen des Standard-Themes an Magento überschreiben, wobei aber alle nicht überschriebenen Elemente des Standard-Themes übernommen werden.

Das Standard-Theme befindet sich in der Hierarchie von Magento immer auf unterster Ebene. Dadurch überschreiben alle Nicht-Standard-Themes die Informationen, mit denen das Standard-Theme Magento versorgt.

2.1.3 Skins, Layouts und Templates

Skins, Layouts und Templates sind das, was Magento in einem Theme benötigt. Jedes dieser Elemente verändert Magento auf eine bestimmte Weise. Ein Wechsel des Skins ändert das Erscheinungsbild des Shops, während die Templates und Layouts bestimmen, wie und wo der Inhalt des Shops angezeigt wird.

Skins

Die Skins innerhalb eines Magento-Themes sind für dessen Aussehen verantwortlich. Skins enthalten Bilder und CSS-Dateien mit Definitionen für Farben und Schriftarten sowie einige Layout-Regeln. Der Skin eines Magento-Themes kann auch JavaScript-Dateien enthalten, mit denen sich das Verhalten des Shops verändern lässt.

Magento-Skins enthalten Dateien, die das Farbschema und die Logos Ihres Shops beeinflussen. Das Standard-Theme von Magento sehen Sie in der folgenden Abbildung.

KAPITEL 2　Magento-Themes unter der Lupe

Mit einigen recht umfangreichen Änderungen an den Elementen des Skins sieht unser Shop eher wie das Theme modern von Magento aus.

Wie Sie sehen, bieten die Skin-Elemente eines Magento-Themes sehr viel Flexibilität, um unterschiedliche optische Eindrücke hervorzurufen.

Layouts und Blöcke

Das Layout der vielen verschiedenen Ansichten in Magento, wie dem Warenkorb, der einzelnen Produktseiten und der Produktergebnisseite, wird von den Layoutdateien gesteuert. In Magento werden diese Dateien in XML (Extensible Markup Language) geschrieben.

Layouts dienen auch dazu, Elemente in den *Ansichten* (Views) Ihres Magento-Shops hinzuzufügen, zu entfernen und zu verändern. Durch die Änderung von Layoutdateien können Sie Folgendes tun:

» JavaScript-Dateien auf einzelnen Seiten verwenden

» Zusätzliche CSS-Dateien einbinden

» Inhaltsblöcke wie den Warenkorb oder Callouts von einzelnen Seiten entfernen

KAPITEL 2 Magento-Themes unter der Lupe

Sehen Sie sich als Beispiel dazu das Standard-Theme von Magento unter `http://demo.magentocommerce.com` an.

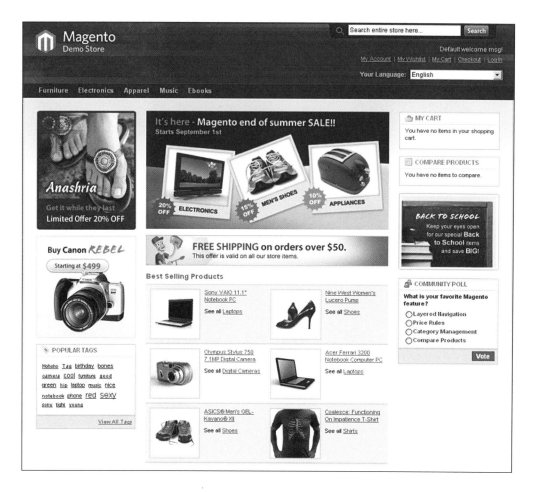

Dieses Theme basiert auf einem dreispaltigen Layout, bei dem die mittlere Spalte für den Hauptinhalt der Seite vorgesehen ist, während die beiden anderen zusätzliche Informationen anzeigen. Die Produktseite dagegen verwendet ein zweispaltiges Layout. Diese Änderung wird durch Anpassung der Layoutdateien des Themes erreicht.

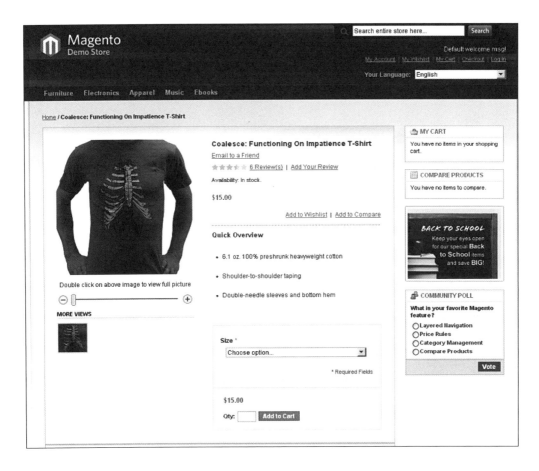

In Magento gibt es zwei Arten von Blöcken:

1. *Inhaltsblöcke* rufen den Code innerhalb der einzelnen Strukturblöcke hervor. Diese wiederum verwenden dann die Template-Dateien von Magento, um die jeweils für einen Block erforderlichen Informationen zu generieren.

2. *Strukturblöcke* legen die Struktur der Seite fest, z. B. Header (Kopfbereich), Inhaltsbereich und Footer (Fußbereich).

Wie die Templates in Magento verwenden auch Layouts jeweils beide Arten von Blöcken.

Templates

Wie bereits erwähnt, legen Magento-*Templates* fest, was in den einzelnen Abschnitten des Inhalts in Form von Inhaltsblöcken angezeigt wird. Template-Dateien sind in PHTML geschrieben.

Der PHP-Code in diesen PHTML-Dateien ist nur für die Logik der Darstellung verantwortlich. Das bedeutet, dass PHP nur für optische Änderungen in den Template-Dateien Ihres Shops zuständig ist, aber keinen Einfluss auf die eigentlichen Funktionen hat, beispielsweise die Berechnung eines Objekts in einem Warenkorb.

Im Standard-Theme von Magento besteht ein Strukturblock aus einem Element Ihres Shops, z. B. dem Warenkorb, einer Umfrage oder dem Hauptinhalt der Seite. In der nachstehenden Abbildung sind die Strukturblöcke hervorgehoben.

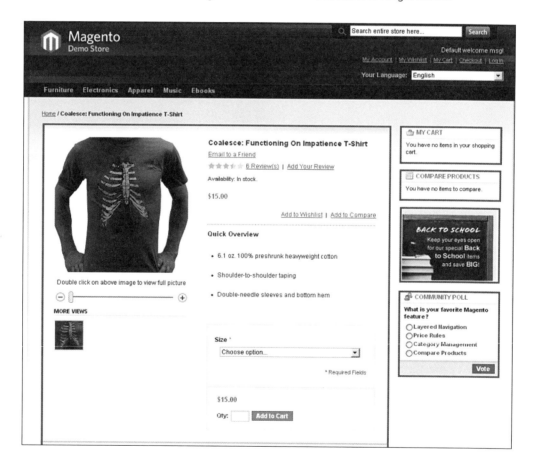

Templates sind in Magento in zwei unterschiedliche Typen unterteilt. Zum einen gibt es die *Gerüst-Templates*, die die Gesamtstruktur einer Seite festlegen (beispielsweise ein einspaltiges, zweispaltiges oder dreispaltiges Layout), zum anderen die Templates mit HTML-Quelltext, die die Inhaltsblöcke der einzelnen Funktionen bereitstellen, die weiter vorne besprochen wurden.

Durch diese Vorgehensweise trennt Magento den Inhalt der Templates weiter vom Layout des Shops. Dies vereinfacht Änderungen am Template oder am Layout, da Sie sich keine Sorgen darüber machen müssen, dass das eine das andere beeinflussen könnte.

2.2 Zusammenfassung

In diesem Kapitel haben wir uns Folgendes angesehen:

- Definitionen der Bestandteile des Magento-Systems:
  - Interfaces
  - Themes
  - Standard-Themes
  - Nicht-Standard-Themes
- Die Komponenten eines Magento-Themes:
  - Skins – die CSS-Dateien und die Bilder, die zum Erstellen des Magento-Themes benötigt werden
  - Layouts in XML
  - Templates in PHTML

Jetzt können wir anfangen, uns die Magento-Themes anzusehen und unseren Onlineshop anzupassen.

3. Magento-Themes: Die Grundlagen

Nachdem wir jetzt eine genauere Vorstellung davon haben, was ein Magento-Theme ist, können wir damit beginnen, ein Theme für einen neuen Shop zu entwerfen. In diesem Kapitel besprechen wir die Grundlagen des Theme-Designs in Magento und entwerfen einen neuen Onlineshop. Das umfasst folgende Aufgaben:

» Das Logo des Shops durch das Logo unseres Unternehmens ersetzen

» Die *Callout*-Banner entfernen, die im Magento-Theme enthalten sind

» Das Farbschema eines bestehenden Magento-Themes ändern, um es an unsere geschäftlichen Erfordernisse anzupassen

» Das neue Magento-Theme als Standard-Theme des Shops einrichten

3.1 Das Beispielprojekt: Cheesy Cheese Store

Die Firma Cheesy Cheese Store benötigt ein einfaches, angepasstes Theme für ihren neuen Magento-Shop. Zwar gibt es im Internet bereits viele Onlineshops für Käse, doch sprechen die meisten davon eher den älteren, konservativen Kunden an. Cheesy Cheese Store zielt auf die jüngeren Käseliebhaber in der Altersgruppe von 18 bis 24 Jahren ab.

3.1.1 Voraussetzungen

Wie bei jeder E-Commerce-Website benötigen wir folgende grundlegende Elemente:

» Das Logo unseres Shops

» Den Warenkorb

» Die Möglichkeit, dass sich Kunden anmelden, um den Status ihrer vorherigen Bestellungen einsehen zu können

- » Eine Suchfunktion

- » Navigationselemente, mit denen die Besucher problemlos zu jeder Seite unseres Shops gelangen können. Dazu gehören Links zum Rückgaberecht und zu den Geschäftsbedingungen. Diese Elemente befinden sich normalerweise in der Fußzeile einer Website.

- » Ausreichende Planung. Dabei müssen Sie die zu verkaufenden Produkte und die beste Möglichkeit für ihre Darstellung bedenken, sowohl als einzelne Waren als auch als Produktgruppe. Die Produktgruppen werden für die Kategorieseiten und die Suchergebnisseite Ihres Shops verwendet.

Beim Entwurf des Magento-Shops müssen Sie alle diese Aspekte bedenken.

3.1.2 Das Blank-Theme von Magento Connect

Ein *Blank-Theme* ist ein vereinfachtes Magento-Theme mit lediglich einem Mindestmaß an Grafik. Dadurch wird es einfacher, den Shop anzupassen, da er keine unnötigen Grafiken oder anderen überflüssigen Elemente enthält. Wir haben damit ein Magento-Theme in seiner einfachsten Form vor uns.

Beschaffung des Blank-Themes

Um das Blank-Theme verwenden zu können, brauchen Sie einen Erweiterungsschlüssel, damit Magento es installieren kann. Diesen Schlüssel erhalten Sie kostenlos bei Magento Connect unter `hptt://www.magentocommerce.com/extension/518/blank-theme`. Um den Erweiterungsschlüssel zu sehen, klicken Sie auf die Schaltfläche GET EXTENSION KEY, die sich unter dem Screenshot des Themes befindet.

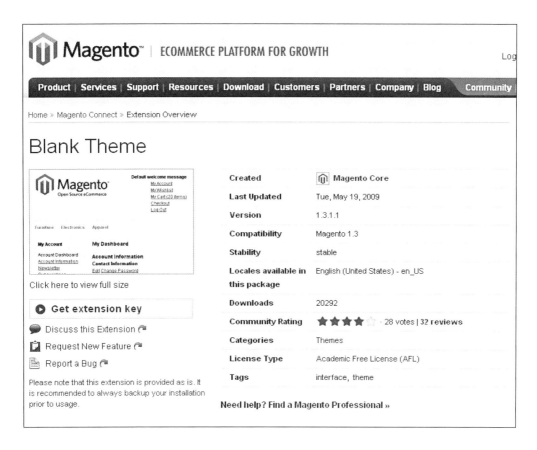

Nach dem Klick erscheint ein Feld, in dem Sie um Zustimmung zur Lizenzvereinbarung für die Erweiterung gebeten werden.

Nachdem Sie die Lizenzvereinbarung gelesen und akzeptiert haben, klicken Sie auf GET EXTENSION KEY. Daraufhin erscheint ein Textfeld mit dem Erweiterungsschlüssel des Blank-Themes.

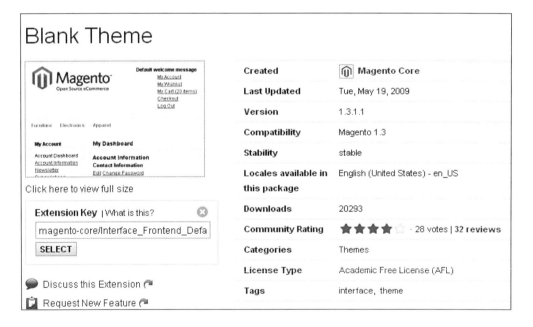

Um das Theme zu installieren, müssen Sie sich den angezeigten Wert merken (oder kopieren und später einfügen) und die Verwaltungskonsole von Magento öffnen.

> **TIPP**
> Für den Zugriff auf den Erweiterungsschlüssel braucht Ihr Browser JavaScript.

Die Verwaltungskonsole von Magento erreichen Sie gewöhnlich, indem Sie dem Pfad /admin in dem Verzeichnis folgen, in dem Magento installiert ist. Haben Sie Magento beispielsweise unter http://example.com/magento untergebracht, finden Sie die Verwaltungskonsole unter http://example.com/magento/admin.

Den Magento-Cache leeren

Damit wir sehen können, welche Änderungen wir an dem Theme vornehmen, müssen wir den Magento-Cache deaktivieren. Dadurch wird verhindert, dass unsere Änderungen durch ältere Versionen des Themes verborgen werden, die Magento speichert. Den Cache deaktivieren Sie in der Verwaltungskonsole unter SYSTEM > CACHE MANAGEMENT.

Wählen Sie in der Drop-down-Liste ALL CACHE den Wert DISABLE aus und speichern Sie die Seite. Damit haben Sie den Magento-Cache deaktiviert.

KAPITEL 3 Magento-Themes: Die Grundlagen

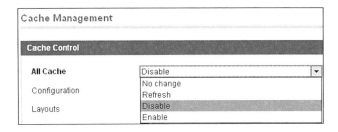

Das Blank-Theme von Magento installieren

Um das Blank-Theme von Magento zu installieren, müssen Sie in der Verwaltungskonsole angemeldet sein. Wählen Sie SYSTEM > MAGENTO CONNECT > MAGENTO CONNECT MANAGER.

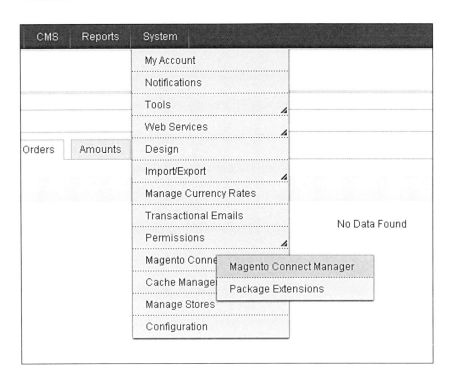

Um Magento Connect in der Verwaltungskonsole nutzen zu können, brauchen die Verzeichnisse in Ihrer Magento-Installation vollständige Lese-, Schreib- und Ausführungsberechtigungen für alle Benutzergruppen, so dass neue Erweiterungen korrekt installiert werden können.

KAPITEL 3   Magento-Themes: Die Grundlagen

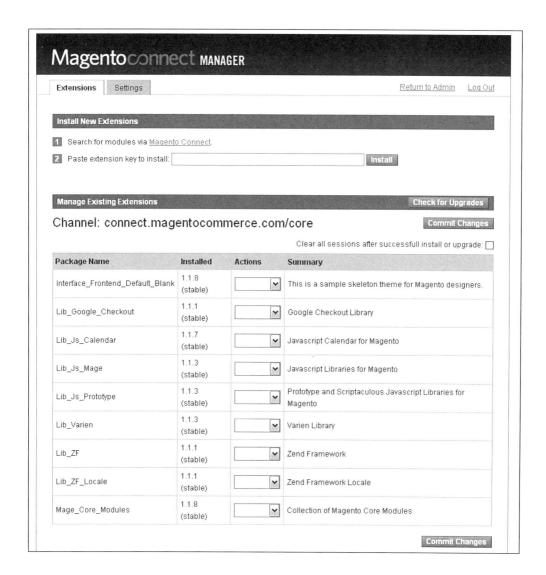

Wenn Sie für die Verzeichnisse, in denen Magento das neue Theme installieren muss, nicht die richtigen Berechtigungen eingerichtet haben, erhalten Sie eine Fehlermeldung, wie der folgende Screenshot zeigt:

> **Magento**connect MANAGER
>
> **Check Write Permissions**
>
> Error: Please check for sufficient write file permissions
>
> Your Magento folder does not have sufficient write permissions, which this web based downloader requires.
>
> If you wish to proceed downloading Magento packages online, please set all Magento folders to have writable permission for the web server user (example: apache) and press the "Refresh" button to try again.
>
> [Refresh]
>
> To learn more about setting write permissions, please visit the Magento community site for further details.

TIPP

Berechtigungen von Verzeichnissen ändern

Eine Möglichkeit, um die Berechtigungen Ihres Verzeichnisses zu ändern, besteht darin, ein FTP-Programm zu verwenden. Dies wird in der Installationsanleitung von Magento unter `http://www.magentocommerce.com/wiki/magento_installation_guide` **beschrieben.**

Ein Theme zum Standard-Theme machen

Um vom aktuellen Theme zum Blank-Theme zu wechseln, müssen Sie in den Verwaltungsbereich des Magento-Shops zurückkehren. Klicken Sie dazu oben rechts auf dem Bildschirm auf den Link RETURN TO ADMIN.

Sobald Sie sich wieder in der Verwaltungskonsole befinden, können Sie das Theme in das neue Blank-Theme ändern, das wir gerade heruntergeladen haben. Wählen Sie dazu im Navigationsfeld SYSTEM > CONFIGURATION aus.

KAPITEL 3 Magento-Themes: Die Grundlagen

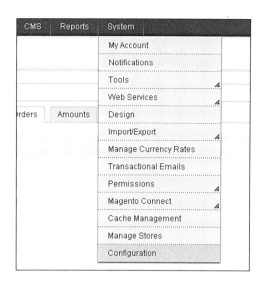

Anschließend wählen Sie im Menü auf der linken Seite die Option DESIGN.

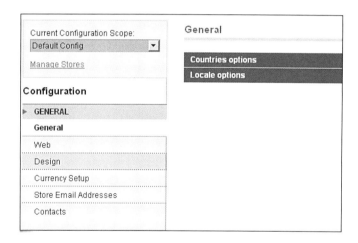

Sie befinden sich jetzt in der Systemsteuerung des Magento-Shops im Bereich für die Designkonfiguration. Hier müssen Sie für das Theme neue Werte in den Feldern TEMPLATES, SKIN, LAYOUT und DEFAULT (Standard) eintragen. Ändern Sie alle diese Werte in blank, damit Magento das neue Theme anzeigen kann.

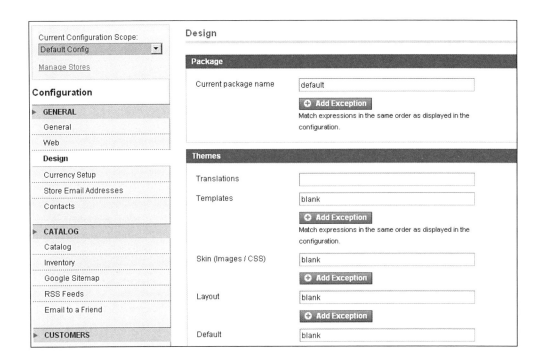

Wenn Sie jetzt auf die Schaltfläche SAVE CONFIG in der oberen rechten Ecke des Bildschirms klicken, sollten Sie das Blank-Theme in Ihrem Magento-Shop sehen.

Das Aussehen des Blank-Themes

Nachdem das Blank-Theme installiert ist, können wir es jetzt im Front-End unseres Magento-Shops betrachten. Schließen Sie dazu die Verwaltungskonsole des Shops und kehren Sie zur Hauptebene der Magento-Installation zurück. Wenn sich die Verwaltungskonsole z. B. unter http://example.com/magento/admin befindet, müssen Sie zu http://example.com/magento wechseln, um das neue Theme zu sehen.

KAPITEL 3   Magento-Themes: Die Grundlagen

Zurzeit hat unser Magento-Shop noch keinen Inhalt, weshalb die Startseite ziemlich nackt aussieht. Über das Inhaltsverwaltungssystem von Magento können wir die Startseite mit Inhalten füllen.

Inhalte mit dem Magento-CMS hinzufügen

Um auf das *Inhaltsverwaltungssystem* (*Content Management System, CMS*) von Magento zugreifen zu können, müssen wir uns erneut an der Magento Verwaltungskonsole anmelden (zu finden unter /admin in Ihrer Magento-Installation). Wählen Sie im Navigationsbereich unter CMS die Option MANAGE PAGES.

Wählen Sie in der Liste der Seiten diejenige mit dem Bezeichner (IDENTIFIER) home aus.

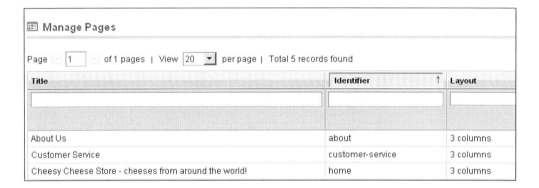

Von hier aus können wir mit HTML formatierten Inhalt in die Startseite des Shops einfügen.

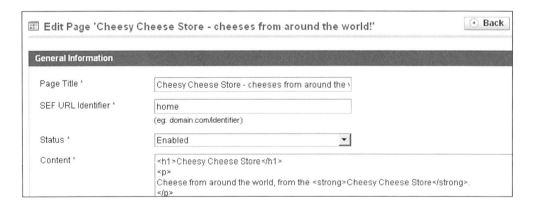

Nachdem wir die Seite gespeichert haben, kehren wir zum Front-End des Shops zurück, um den neu hinzugefügten Inhalt zu sehen (wechseln Sie also z.B. zu http://example.com/mangeto/, wenn Sie von http://example.com/magento/admin kommen).

Wir können die Startseite unseres Shops interessanter gestalten, indem wir eine Grafik zur Werbung für unser Produkt hinzufügen.

Wenn wir diese Grafik als cheese-homepage.png im Skinverzeichnis des Themes speichern (z. B. in http://example.com/magento/frontend/default/blank/images/), können wir sie auf unserer Startseite verwenden, indem wir im Magento-CMS den folgenden HTML-Code in den Inhaltsblock der Startseite einfügen:

```
<h1>Cheesy Chees e Store</h1>
<p>
   Cheese from around the world, from the
   <strong>Cheesy Cheese Store</strong>.
</p>
<img
   src = "http://example.com/magento/skin/frontend/default/blank/
   images/cheese-homepage.png" alt="Cheesy Cheese Store - delicious
   cheese!" />
```

Speichern Sie diese Seite und aktualisieren Sie die Startseite des Shops, um die neue Grafik zu sehen.

TIPP

Damit die Änderungen sichtbar werden, müssen Sie den Magento-Cache deaktivieren.

Der Einfachheit halber wollen wir das Layout für den Shop zunächst beibehalten, dem Theme aber ein Erscheinungsbild nach unserem Geschmack geben. Im Folgenden sehen Sie, wie das neue Theme für Cheesy Cheese Store aussehen soll.

Wie Sie sehen, haben wir damit einen bemerkenswerten Unterschied erreicht. Das Logo und die Raumschiffgrafik richten sich an unser Zielpublikum jüngerer Käseliebhaber und die Farben sind auch weit ansprechender als zuvor.

3.2 Das Magento-Theme von Cheesy Cheese Store

Mit dieser Vorgabe ist es für uns jetzt unglaublich einfach, Magento anzupassen. Wir müssen nur wenige Aufgaben erfüllen, um unser eigenes grundlegendes Magento-Theme zu erstellen. Dazu müssen wir Folgendes tun:

» Das Design des Shops ändern

» Das Logo des Shops ändern

» Die Callouts entfernen

3.2.1 Das Design des Shops ändern

Damit das Farbschema des Shops unserem Design für den Cheesy Cheese Store entspricht, müssen wir die Datei `styles.css` im Verzeichnis `skin/frontend/default/blank/css` ändern.

Der Header

Zunächst tauschen wir die Hintergrundfarbe und das Hintergrundbild des Headers aus, indem wir die CSS-Klasse `.header` ändern:

```
.header {
padding: 10px; border:1px solid #ddd;
}
```

Wir können die Hintergrundfarbe und das Bild ändern, indem wir den folgenden CSS-Code hinzufügen:

```
.header {
background: #333 url("../images/body_bg.png") top left no-repeat;
padding:10px; border:1px solid #ddd;
}
```

Der Hintergrund unseres Shops sollte jetzt dunkelgrau sein. Das Bild erscheint aber erst, wenn wir es in das richtige Verzeichnis hochladen, nämlich `skin/frontend/default/blank/images/`. Der Header unseres Shops sollte jetzt wie folgt aussehen:

Das Suchformular

Das Suchformular im Header ist das nächste Element, das wir gestalten. Wir ordnen es, dem Design für den Cheesy Cheese Store entsprechend, zentriert an. Der HTML-Code für das Formular ist recht unkompliziert. Darin kennzeichnen wir, was wir im CSS-Code gestalten möchten.

```
<form id="search_mini_form"
    action="http://www.yourstore.com/magento/index.php/cata-
logsearch/
    result/" method="get">
  <fieldset class="form-search">
    <legend>Search Site</legend>
    <label for="search">Search:</label>
    <input id="search" type="text" class="input-text" name="q"
       value="" />
    <button type="submit"
       class="button"><span>Search</span></button>
    <div id="search_autocomplete"
       class="search-autocomplete"></div>
    <script type="text/javascript">
       //<![CDATA[
       var searchForm = new Varien.searchForm('search_mini_form',
          'search', 'Search entire store here...');
       searchForm.initAutocomplete('http://www.yourstore.com
          /magento/index.php/catalogsearch/ajax/suggest/',
          'search_autocomplete');
       //]]>
    </script>
  </fieldset>
</form>
```

> **TIPP**
> Ein Werkzeug wie Firebug für Firefox kann nützlich sein, um den HTML-Code hinter Magento anzuzeigen, aber die Funktion zum Anzeigen des Quelltextes, die in den meisten Browsern zur Verfügung steht, ist genauso hilfreich.

Wir blenden das Label für das Suchformular aus und gestalten die Suchschaltfläche .button um, indem wir zu styles.css eine neue CSS-Regel hinzufügen:

```
.header label {display: none}
.header .button {background: #FFFF00}
```

Das Suchformular fügt sich jetzt besser in das Gesamtbild des Headers ein.

Benutzerlinks

Als nächste Elemente gestalten wir die Benutzerlinks im Header, die in einer nicht geordneten Liste der Klasse .links gruppiert sind.

Sie sind zurzeit noch schwer erkennbar, aber dieses Problem können wir mit einer kleinen Änderung am CSS-Code rasch beheben.

```
header .links a {color: #FFF}
```

Wie Sie sehen, können die Besucher unseres Shops die Links jetzt besser lesen.

Seiten gestalten

Der Hauptinhalt der Seite kann sehr einfach gestaltet werden. Suchen Sie dazu zunächst nach dem folgenden CSS-Code:

```
/* Base Columns */
col-left { float:left; width:230px; border:1px solid #ddd;
        padding:5px 5px 0; }
col-main { float:left; width:736px; border:1px solid #ddd;
        padding:5px; }
col-right { float:right; width:230px; border:1px solid #ddd;
        padding:5px 5px 0; }
```

Wir entfernen die Ränder um diese Spalten und geben ihnen unsere neue Hintergrundfarbe (Dunkelgrau). Außerdem sorgen wir dafür, dass der gesamte Inhalt erkennbar ist, indem wir die Vordergrundfarbe (color) auf Weiß einstellen.

```
/* Base Columns */
col-left, .col-main, .col-right
{background: #333;color: #FFF}
col-left {float:left; width:230px; padding:5px 5px 0; }
col-main {float:left; width:736px; padding:5px; }
col-right {float:right; width:230px; padding:5px 5px 0; }
```

Der Hauptinhaltsbereich unseres Shops sieht jetzt folgendermaßen aus:

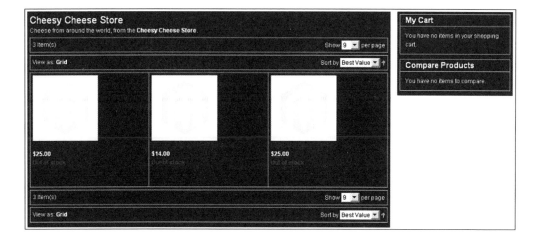

Wir müssen auch die Links formatieren, was wir mit dem folgenden CSS-Code erreichen:

```
col-left a, .col-main a, .col-right a {color: #FFF}
```

Wir müssen auch die Meldung *out of stock* („nicht mehr lieferbar") unterdrücken, die eingeblendet wird, da wir den Warenbestand von Cheesy Cheese Store zurzeit noch nicht in Magento nachverfolgen. Dazu fügen wir einfach folgenden CSS-Code zur Datei styles.css hinzu:

```
span.out-of-stock {display: none}
```

Als Letztes ändern wir die Links ADD TO WISHLIST („zur Wunschliste hinzufügen") und ADD TO COMPARE („zum Vergleichen hinzufügen"), um sie kleiner und weniger auffällig zu machen, da das Produkt im Mittelpunkt stehen soll.

```
ul.add-to-links li {display: inline}
ul.add-to-links li a {color: #DDD;font-size: 90%}
```

Unsere Seite sieht jetzt schon sehr viel ansprechender aus:

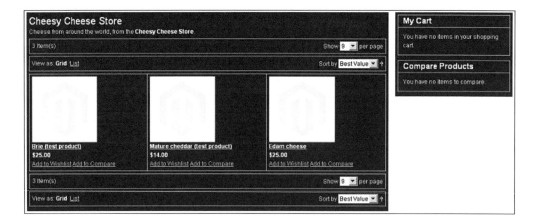

Den Footer des Shops gestalten

Der Fußbereich (Footer) lässt sich relativ leicht gestalten, auch wenn der HTML-Code etwas geschwätzig daherkommt:

```html
<div class="footer">
   <ul>
   <li>
      <a href="http://www.yourdomain.com/magento/index.php/
             about-magento-demo-store">About Us</a></li>
   <li class="last">
      <a href="http://www.yourdomain.com/magento/index.php/
             customer-service">Customer Service</a></li>
   </ul>
   <ul class="links">
      <li class="first">
         <a href="http://www.yourdomain.com/magento/index.php/catalog/
                seo_sitemap/category/" title="Site Map" >Site Map</a>
      </li>
      <li>
         <a href="http://www.yourdomain.com/magento/index.php/
                catalogsearch/term/popular/" title="Search Terms" >
                Search Terms</a>
      </li>
      <li>
         <a href="http://www.yourdomain.com/magento/index.php/
                catalogsearch/advanced/" title="Advanced Search" >
                Advanced Search</a>
      </li>
      <li class="last">
         <a href="http://www.yourdomain.com/magento/index.php/
                contacts/" title="Contact Us" >Contact Us</a>
      </li>
   </ul>
   <p>Help Us to Keep Magento Healthy -
      <a href="http://www.magentocommerce.com/bug-tracking"
             onclick="this.target='_blank'">
         <strong>Report All Bugs</strong></a> (ver. 1.1.8)
   </p>
   <address>&copy; Richard Carter</address>
</div>
```

Wir brauchen im Cheesy Cheese Store keine Links zu Kundendienst- (CUSTOMER SERVICE) und Informationsseiten (ABOUT), weshalb wir sie entfernen. Dazu melden wir uns an der Verwaltungskonsole unseres Magento-Shops an und wählen unter der Navigationsoption CMS die Option STATIC BLOCKS. Markieren Sie den statischen Block footer_links, setzen Sie seinen Status auf DISABLED und wählen Sie die Option SAVE BLOCK.

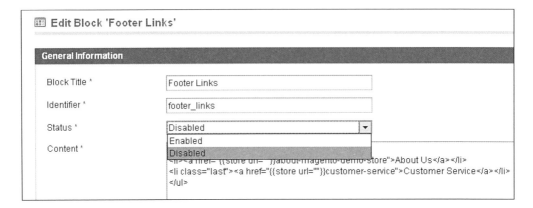

Diese Links werden jetzt nicht mehr im Fußbereich angezeigt. Die anderen Links können wir mit den CSS-Klassen .list und .footer gestalten. Zunächst aber gestalten wir das div-Element mit der zugehörigen Klasse .footer. Zurzeit sieht es wie folgt aus:

.footer { border:1px solid #ddd; padding:10px; }

Um sein Erscheinungsbild an den Rest des Shops anzupassen, entfernen wir den Rand und fügen auch hier die Hintergrundfarbe hinzu:

```
.footer {
   background: #333;
   color: #FFF;
   padding:10px;
}
```

Wir gestalten auch die Links im Fußbereich, so dass sie erkennbar sind:

.footer a {color: #FFF}

Damit haben wir den Fußbereich unseres Shops gestaltet.

Die Produktseiten gestalten

Nachdem wir die Startseite gestaltet haben, müssen wir nur noch wenige Änderungen vornehmen, damit die Produktseiten auf die gleiche Weise gestaltet sind und wir in unserem gesamten Magento-Shop ein einheitliches Erscheinungsbild haben. Als Erstes kümmern wir uns um das `div`-Element für die Breadcrumb-Navigation, `.breadcrumbs`, das zurzeit in Weiß erscheint.

Das können wir schnell korrigieren, indem wir die Klasse `breadcrumbs` zu unserem bestehenden CSS-Code hinzufügen:

```
.breadcrumbs,
.col-left, .col-main, .col-right
{background: #333;color: #FFF}
```

Die Farbe der Links in der Breadcrumb-Navigation braucht auch etwas CSS-Gestaltung:

```
.breadcrumbs a,
.col-left a, .col-main a, .col-right a {color: #FFF}
```

Jetzt zeigt die Breadcrumb-Navigation das gleiche Erscheinungsbild wie der Rest des Shops.

3.2.2 Das Logo des Magento-Shops ändern

Eine der offensichtlichsten Änderungen, die wir an unserem Magento-Shop vornehmen müssen, besteht darin, das bestehende Logo gegen unser eigenes auszutauschen. Dazu wechseln Sie im Menü SYSTEM der Magento-Verwaltungskonsole unter CONFIGURATION zum Abschnitt DESIGN.

Wenn Sie sich auf dieser Seite befinden, wählen Sie den Abschnitt HEADER.

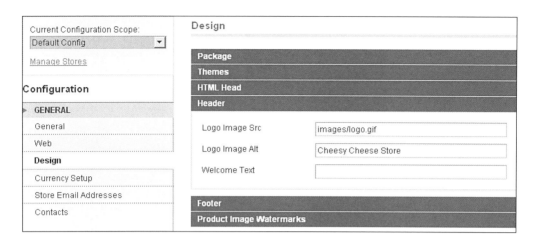

Hier können Sie die Logodatei und den Text ändern, der angezeigt wird, falls das Logo nicht erscheint. Es ist für die Anzeige in Suchmaschinen sehr hilfreich, wenn Sie für diesen Text den Namen des Shops angeben (in unserem Fall also Cheesy Cheese Store).

Das Logo ist im Verzeichnis /skin/frontend/default/blank/images/ gespeichert. Dorthin müssen Sie Ihre neue Logodatei hochladen. Das Logo für Cheesy Cheese Store sieht wie folgt aus:

Wir speichern die Datei als logo2.gif und legen als Transparenzfarbe das Grau des Hintergrunds fest, so dass die Sterne durch das Logo durchscheinen können. Jetzt müssen wir den neuen Wert für den Namen der Logodatei speichern (also logo.gif durch logo2.gif bzw. den Namen ersetzen, den Sie Ihrer neuen Logodatei geben).

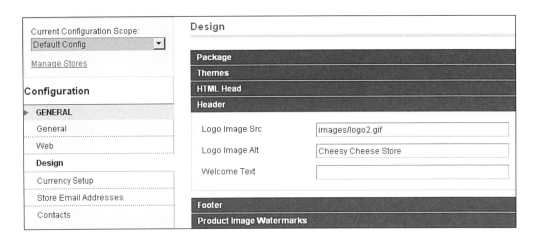

Wenn wir jetzt den Magento-Shop aktualisieren, sehen wir das neue Logo.

Da unser neues Logo größer ist als das alte Magento-Logo, müssen wir die CSS-Datei ändern, die wir im Verzeichnis skin/frontend/default/blank/css/ der Magento-Installation finden. Suchen Sie in der Datei styles.css nach dem folgenden CSS-Code:

```
.logo {
   float:left; width:200px; height:63px; overflow:hidden;
}
```

Wir müssen die Deklaration `overflow:hidden` entfernen und die Werte für Höhe und Breite an die Abmessungen unseres neuen Logos anpassen:

```
.logo {
   float:left; width:122px; height:109px;
}
```

Außerdem müssen wir die Abmessungen des Links im Logo anpassen, damit die Besucher unseres Shops auf das Logo klicken können, um zur Startseite zurückzugelangen. Der CSS-Code dafür befindet sich wenige Zeilen unter der Deklaration von `.logo`:

```
.header .logo a {
   display:block; width:175px; height:200px;
}
```

Diese Werte müssen wir wie im Folgenden auf die Maße des neuen Logos ändern, das 122 Pixel breit und 109 Pixel hoch ist:

```
.header .logo a {
   display:block; width:122px; height:109px;
}
```

Jetzt sollte das vollständige Logo sichtbar sein (es sieht etwas merkwürdig aus, da es für die dunklere Hintergrundfarbe angepasst wurde).

Das Favoritensymbol des Shops ändern

Ein Aspekt, den viele Designer vergessen, ist das *Favoritensymbol* (*Favicon*) des Shops, also das kleine Symbol, das gewöhnlich neben der Adresszeile des Browsers und in der Lesezeichenliste angezeigt wird. Das vorgegebene Favoritensymbol in Magento ist das verkleinerte Magento-Logo:

Ein gutes Favoritensymbol erfüllt folgende Voraussetzungen:

» Es ist auch bei geringer Größe erkennbar. Favoritensymbole umfassen 16 × 16 Pixel.

» Es steht im Zusammenhang mit den Produkten Ihres Shops.

Natürlich sind das nur Anregungen. Regeln sind dazu da, gebrochen zu werden, aber es ist sinnvoll, wenn das Motiv des Favoritensymbols so weit wie möglich die Produkte widerspiegelt, die Sie in Ihrem Shop verkaufen. Daher verwenden wir als Favoritensymbol für Cheesy Cheese Store anstelle des Magento-Standardsymbols etwas, das mit Käse zu tun hat.

Die Datei des Favoritensymbols für unser Theme befindet sich im Verzeichnis /skin/frontend/default/default/ der Magento-Installation und heißt favicon.ico.

> **TIPP**
>
> **Eine Datei für ein Favoritensymbol erstellen**
>
> Es gibt eine Reihe von Onlinetools, mit denen Sie Dateien für Favoritensymbole erstellen können, z.B. Favicon Generator von Dynamic Drive (http://tools.dynamicdrive.com/favicon/).

3.2.3 Die Callouts entfernen

Callouts sind Werbegrafiken, die standardmäßig in die meisten Magento-Themes eingebettet sind, damit Sie eine Möglichkeit haben, ausgewählte Produkte in Ihrem Shop zu bewerben. Im Blank-Theme wird beispielsweise unterhalb des Warenkorbs und der Vergleichsfunktionen in der rechten Spalte ein Callout angezeigt.

Diese Grafiken können Sie beliebig anpassen, aber da Cheesy Cheese Store nur ein ganz einfaches Theme braucht, entfernen wir sie einfach.

> **Callout-Grafiken**
>
> **Die Callout-Grafiken sind (bei Verwendung des Blank-Themes) im Verzeichnis** skin/frontend/default/blank/images/media/ **der Magento-Installation gespeichert.**

Um die Callout-Grafiken aus dem Theme des Shops zu entfernen, müssen wir die Layoutdatei catalog.xml bearbeiten, die sich unter app/design/frontend/default/blank/layout/ befindet.

Die Callouts auf der rechten Seite entfernen

Um die Callouts in der rechten Spalte des Magento-Themes zu entfernen, suchen Sie den folgenden Code in der Datei `catalog.xml` und kommentieren die hervorgehobene Stelle oder löschen sie:

```xml
<reference name="right">
    <block type="core/template" before="cart_sidebar"
        name="catalog.compare.sidebar"
        template="catalog/product/compare/sidebar.phtml"/>
    <block type="core/template" name="right.permanent.callout"
        template="callouts/right_col.phtml"/>
</reference>
```

Der Code sollte anschließend wie folgt aussehen:

```xml
<reference name="right">
    <block type="core/template" before="cart_sidebar"
        name="catalog.compare.sidebar"
        template="catalog/product/compare/sidebar.phtml"/>
    <!--
        <block type="core/template" name="right.permanent.callout"
            template="callouts/right_col.phtml"/>
    -->
</reference>
```

Die Callouts auf der linken Seite entfernen

Suchen Sie den folgenden Codeblock:

```xml
<block type="core/template" name="left.permanent.callout"
    template="callouts/left_col.phtml">
    <action method="setImgSrc">
        <src>images/media/col_left_callout.jpg</src>
    </action>
    <action method="setImgAlt" translate="alt" module="catalog">
        <alt>Our customer service is available 24/7. Call us at (800)
            DEMO-NUMBER.</alt>
    </action>
    <action method="setLinkUrl">
        <url>checkout/cart</url>
    </action>
</block>
```

Um die Callouts zu entfernen, können Sie den vorstehenden Code entweder löschen oder wie normalen HTML-Code auskommentieren:

```
<!--
   <block type="core/template" name="left.permanent.callout"
         template="callouts/left_col.phtml">
      <action
         method="setImgSrc"><src>images/media/col_left_callout.jpg</src>
      </action>
      <action method="setImgAlt" translate="alt"
         module="catalog"><alt>Our customer service is available 24/7
         . Call us at (800) DEMO-NUMBER.</alt></action>
      <action method="setLinkUrl"><url>checkout/cart</url></action>
   </block>
-->
```

Wenn Sie die Datei jetzt speichern und auf den Server hochladen, sind die in der rechten und linken Spalte angezeigten Callouts verschwunden.

3.3 Vorgestellte Produkte auf der Startseite anzeigen

In vielen Shops werden auf der Startseite ausgewählte Produkte vorgestellt und das können Sie auch in Magento tun.

3.3.1 Eine Kategorie für ausgewählte Produkte anlegen

Eine der einfachsten Möglichkeiten, um ausgewählte Produkte auf der Startseite eines Shops anzuzeigen, besteht darin, eine Kategorie zu erstellen, die die betreffenden Produkte enthält, und die Inhalte dieser Kategorie auf der Startseite darzustellen. Um eine neue Kategorie anzulegen, wählen Sie im Menü der Verwaltungskonsole CATALOG > MANAGE CATEGORIES.

Klicken Sie auf die Schaltfläche ADD ROOT CATEGORY auf der linken Seite und erstellen Sie eine neue Kategorie namens Featured products. Setzen Sie den Wert unter IS ACTIVE auf NO, damit die Kategorie nicht anderswo im Shop angezeigt wird.

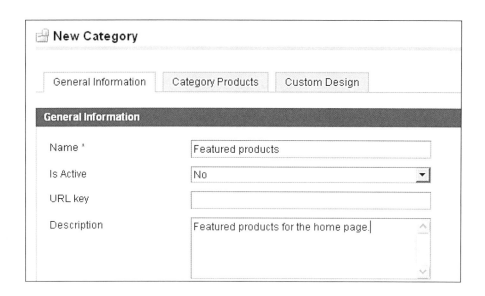

Nachdem Sie die Kategorie gespeichert haben, notieren Sie sich ihre ID, die rechts neben ihrem Namen in Klammern angezeigt wird.

> **TIPP**
>
> In früheren Versionen von Magento mussten Sie sich dazu den URL der Kategorie in der Verwaltungskonsole ansehen. Wenn er z. B. auf /edit/5 endete, hatte die Kategorie die ID 5.

Um ein Produkt dieser Kategorie zuzuweisen, wählen Sie es im Shop aus (oder erstellen Sie eines, falls Sie das noch nicht getan haben) und wechseln Sie zur Registerkarte CATEGORIES auf der linken Seite. Dort können Sie die Kategorie Featured products aktivieren, die Sie gerade erstellt haben:

3.3.2 Die Kategorie im CMS anzeigen

Um die ausgewählten Produkte auf der Startseite anzuzeigen, verbleiben Sie in der Verwaltungskonsole des Shops (gewöhnlich unter http://example.com/magento/admin) und wechseln zum CMS. Wählen Sie CMS und dann MANAGE PAGES aus dem Menü.

Wählen Sie erneut die Startseite des Shops aus. Jetzt brauchen Sie die ID für die Kategorie, die Sie sich im letzten Schritt notiert haben. Sie geben Sie an, wenn Sie die vorgestellten Produkte unter dem einführenden Text einfügen:

```
<h1>Cheesy Cheese Store</h1>
   <p>
      Cheese from around the world, from the <strong>Cheesy Cheese
          Store</strong>.
   </p>
{{block type="catalog/product_list" category_id="5"
         template="catalog/product/list.phtml"}}
```

Speichern Sie die Seite und aktualisieren Sie die Startseite Ihres Shops (z. B. http://example.com/magento). Jetzt werden die Produkte angezeigt, die zur Kategorie Featured products gehören:

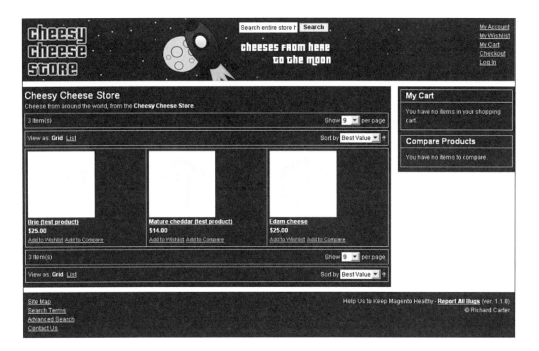

3.4 Cheesy Cheese Store – Zwischenbilanz

Unser Shop sieht jetzt sehr viel ansprechender aus als mit dem Standard-Theme von Magento und ist besser auf unsere potenziellen Kunden zugeschnitten. Wenn Sie auf der Startseite keine Produkte vorstellen möchten, ergibt sich folgendes Bild:

Es gibt immer noch viele Dinge in unserem Magento-Shop, die wir gestalten und anpassen können, und es ist diese Konzentration auf die Einzelheiten, die Webdesign so spannend macht.

3.5 Zusammenfassung

Wir haben jetzt die Grundlagen des Theme-Designs in Magento behandelt und uns angesehen, an was Sie denken müssen, bevor Sie einen neuen E-Commerce-Shop an den Start bringen. Unter anderem haben wir folgende Punkte betrachtet:

» Installation eines Themes von Magento Connect

» Grundlegende Techniken für die Gestaltung des Magento-Shops wie die Änderung des Logos und der Farben

» Änderung des Favoritensymbols für den Magento-Shop

Im nächsten Kapitel sehen wir uns an, wie wir das Layout des Magento-Shops ändern, und lernen erweiterte Techniken zur Änderung des Themes kennen.

4. Layout von Magento-Themes

Wir wissen jetzt, wie wir die grundlegenden Elemente eines Magento-Themes ändern, z. B. die Farben, und die Hauptbestandteile des Shops gestalten. Aber es gibt noch viel mehr Dinge, die wir anpassen können. In diesem Kapitel werden wir Folgendes tun:

» Lernen, was ein Layout in Magento ist und was es bewirkt

» Layouts mit dem Magento-CMS ändern

» Layouts mit dem von Magento bereitgestellten XML-Layout ändern

4.1 Themes und Layouts in Magento

Ein Layout ist ein Element eines Magento-Themes. Insgesamt setzt sich ein Theme wie folgt zusammen:

» **Skins:** Sie umfassen den CSS-Code und die Bilder, die das Erscheinungsbild des Magento-Shops ausmachen.

» **Templates:** Sie definieren, was die einzelnen Blöcke im Shop enthalten.

» **Layouts:** Sie definieren, welche Elemente im Magento-Shop an welcher Stelle angezeigt werden.

» **Locales:** Dies sind optionale Elemente, mit deren Hilfe Sie den Shop in mehreren Sprachen anzeigen lassen können.

Wir haben bereits einige der Skinelemente unseres Shops geändert, z. B. die Farbe verschiedener Komponenten. Jetzt können wir über das Layout festlegen, wo die einzelnen Bestandteile relativ zueinander angeordnet werden. Es gibt zwei Vorgehensweisen zur Anpassung des Layouts:

1. Seite für Seite, wenn die Seiten durch das Magento-CMS gesteuert werden

2. Durch Layoutdateien, indem Sie die Layoutänderungen auf eine beliebige Anzahl von Seiten des Magento-Shops anwenden

Wir sehen uns beide Verfahren an, um das Layout von Cheesy Cheese Store zu ändern.

4.1.1 Das Layout des Shops mit dem CMS ändern

Sehen wir uns jetzt an, wie wir den Shop über das Layout umgestalten können. Das Blank-Theme, das wir installiert und geändert haben, verfügt über eine Reihe eingebauter Layouts, die wir zur Anpassung des Shops nutzen können. Dabei stehen ein-, zwei- und dreispaltige Layouts zur Auswahl. Das Magento-CMS bietet eine der einfachsten Möglichkeiten, um das Layout unseres Shops zu ändern.

Melden Sie sich an der Verwaltungskonsole des Magento-Shops an und wählen Sie CMS > MANAGE PAGES.

Wählen Sie das Seitenlayout aus, das Sie ändern möchten. Im Folgenden bearbeiten wir das Layout der Seite ABOUT US von Cheesy Cheese Store.

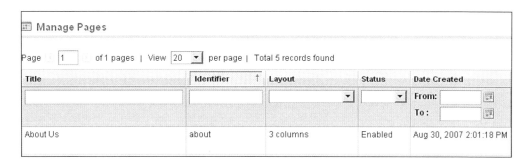

Wie Sie sehen, ist als Layout dieser Seite zurzeit 3 COLUMNS ausgewählt. Wenn wir die Seite in der Liste auswählen, werden uns Möglichkeiten zum Ändern des Inhalts angezeigt. Wechseln wir nun zur Registerkarte CUSTOM DESIGN links auf dem Bildschirm. Dort können wir die Konfiguration der Seite ändern, indem wir im Drop-down-Menü LAYOUT einen neuen Wert auswählen. Damit ändern wir das Layout der Seite in 2 COLUMNS WITH RIGHT BAR („zwei Spalten mit Seitenleiste rechts").

KAPITEL 4 Layout von Magento-Themes

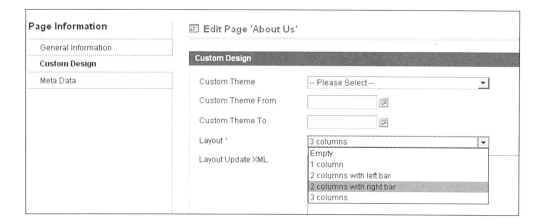

Nach dem Speichern dieser Seite sehen wir das Ergebnis der Layoutänderung. Wenn wir im Front-End des Shops (also nicht in der Verwaltungskonsole) die Seite ABOUT US betrachten, sehen wir Folgendes:

> **Andere Spalte, anderer Inhalt**
>
> Die linke und die rechte Spalte sind in Magento in verschiedenen Template-Dateien gespeichert, weshalb in der linken Spalte jetzt ein anderer Inhalt erscheint als in der rechen. Dies können Sie ändern, indem Sie die Layoutdatei unter `app/design/frontend/default/blank/layout/catalog.xml` ändern.

4.1.2 Hinweise zu Template-Pfaden

Als Hilfestellung zur Änderung des Shop-Layouts können wir Template-Pfadhinweise aktivieren. Dadurch werden die Pfade (Adressen) der Templates für die einzelnen Blöcke in Magento angezeigt. Dies ist bei der Theme-Gestaltung in Magento sehr hilfreich, vor allem beim Ändern des Layouts.

Template-Pfadhinweise aktivieren

Template-Pfadhinweise aktivieren Sie, indem Sie in der Verwaltungskonsole des Magento-Shops SYSTEM > CONFIGURATION auswählen.

Jetzt müssen Sie den Shop, den Sie ändern möchten, aus der Liste oben links auf dem Bildschirm auswählen. Hier wählen wir MAIN WEBSITE (oder wie auch immer Ihr Magento-Shop heißen mag).

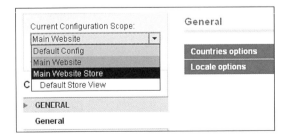

Nachdem die Seite neu geladen wurde, wählen Sie die Registerkarte DEVELOPER am unteren Rand aus:

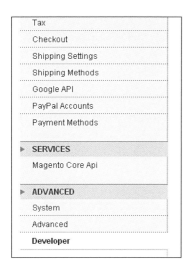

Jetzt wird im Abschnitt DEBUG der Seite die Drop-down-Liste TEMPLATE PATH HINTS angezeigt. Ändern Sie die Auswahl von No in YES, um Template-Pfadhinweise einzuschalten.

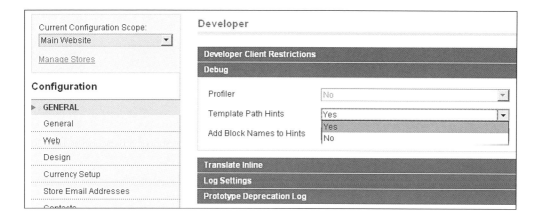

Wenn Sie diese neue Konfiguration speichern, werden die Pfadhinweise neben den einzelnen Templates angezeigt, so dass Sie einfacher herausfinden können, wie sich Änderungen am Layout auf das Aussehen des Shops auswirken. Nach der Aktivierung der Template-Pfadhinweise sieht das Front-End unseres Shops etwas anders aus:

4.2 Layoutterminologie in Magento

In einem Magento-Layout können Sie Inhaltsblöcke zu Strukturblöcken zuweisen. Ein Strukturblock positioniert den Inhalt auf der Seite, den der Inhaltsblock bereitstellt. Dabei ist es gleich, ob es sich bei dem Inhalt um eine Kategorieliste, einen Callout, einen Warenkorb usw. handelt.

Die XML-Layoutdateien eines Magento-Shops enthalten drei wichtige Elemente:

1. **Handles:** Mit ihrer Hilfe kann eine einzelne Ansicht des Shops identifiziert werden.

2. **Blöcke (Blocks):** Sie bestimmen die grafische Gestalt und das Verhalten der einzelnen Elemente auf den Seiten des Shops. Ein Blockelement im XML-Layoutcode kann verschiedene Attribute aufweisen, wie wir noch sehen werden.

3. **Verweise (References):** Damit können die Layoutdateien aufeinander verweisen. Dies bedeutet, dass ein Block einen anderen Block enthalten kann.

In Magento definiert jedes Modul sein eigenes Layout. So definiert z. B. die Datei `checkout.xml` das Layout für das Kassenmodul und die Datei `customer.xml` das Layout für das Kundenkontomodul.

4.3 Kurze Einführung in XML

Layoutdateien in Magento sind in XML geschrieben. Wenn Sie zum ersten Mal XML-Code sehen, kann das ziemlich verwirrend sein, vor allem, wenn Sie auch mit XHTML nicht vertraut sind. Das Markup ist jedoch recht einfach, sobald Sie sich einmal daran gewöhnt haben.

Es gibt eine einfache Regel, um wohlgeformte XML-Dokumente zu erstellen: Jedes Element muss geschlossen werden. Dies ist in XML auf zwei Weisen möglich:

1. Das Element ist selbst schließend.

2. Das Element wird mit einem Tag seines eigenen Typs geschlossen.

4.3.1 Selbst schließende Elemente in XML

Einige Elemente in XML sind in der Lage, sich selbst zu schließen. Nehmen wir z. B. ein XML-Element wie <ding>. In selbst schließender Form würde es wie folgt aussehen:

```
<ding />
```

4.3.2 XML-Elemente normal schließen

Die andere Möglichkeit, ein XML-Element zu schließen, besteht darin, ein schließendes Tag vom Typ des öffnenden Tags zu verwenden. Ein gültiges XML-Element mit dem Tag <ding> sieht daher wie folgt aus:

```
<ding>Wert (falls vorhanden)</ding>
```

4.3.3 Zeichenmaskierung in XML

Wie in HTML und XHTML müssen auch in XML einige Zeichen maskiert werden, damit Daten in der XML-Datei nicht fehlinterpretiert werden. Dabei müssen Sie in XML-Dateien auf folgende Zeichen achten:

ZEICHEN	NAME	MASKIERUNGSZEICHEN
&	Kaufmännisches Und	&amp;
<	Kleiner als	&lt;
>	Größer als	&gt;
'	Apostroph	&apos;
"	Anführungszeichen	&quot;

Wenn Sie in einer XML-Datei z. B. A & B > C < D 'E' "F" schreiben wollen, muss das wie folgt aussehen:

```
A &amp; B &gt; C &lt; D &apos;E &apos; &quot;F &quot;
```

Nachdem Sie nun ein besseres Verständnis von XML gewonnen haben, können wir uns mithilfe der XML-Layoutdateien von Magento um die Änderungen kümmern.

4.4 Magento-Layouts mit XML anpassen

Wir haben bereits ein zweispaltiges Layout für Cheesy Cheese Store, aber was ist, wenn wir die Seitenleiste nicht rechts, sondern links vom Inhalt anzeigen lassen möchten? Zurzeit hat der Cheesy Cheese Store eine Seitenleiste mit dem Warenkorb und den zuletzt angesehenen Produkten auf der rechten Seite.

Um die Seitenleiste von der rechten auf die linke Seite des Shops zu verschieben, müssen Sie die Datei `catalog.xml` im Verzeichnis `app/design/frontend/default/blank/layout/` der Magento-Installation ändern.

Öffnen Sie die Datei und suchen Sie das öffnende `<default>`-Tag. Dies ist der Handle, der angibt, dass sich die Änderungen, die Sie hier am Layout vornehmen, auf die meisten anderen Seiten Ihres Magento-Shops auswirken werden. Innerhalb der `<default>`-Tags sollten Sie folgenden XML-Code finden:

```xml
<default>
    <reference name="top.menu">
        <block type="catalog/navigation" name="catalog.topnav"
            template="catalog/navigation/top.phtml"/>
    </reference>
    <reference name="left">
        <!--<block type="core/template" name="left.permanent.callout"
            template="callouts/left_col.phtml">
        <action method="setImgSrc">
            <src>images/media/col_left_callout.jpg</src>
        </action>
```

KAPITEL 4   Layout von Magento-Themes

```xml
            <action method="setImgAlt" translate="alt" module="catalog">
                <alt>Our customer service is available 24/7. Call us at (800)
                    DEMO-NUMBER.</alt>
            </action>
            <action method="setLinkUrl">
                <url>checkout/cart</url>
            </action>
        </block>-->
    </reference>
    <reference name="left">
        <block type="core/template" before="cart_sidebar"
            name="catalog.compare.sidebar"
            template="catalog/product/compare/sidebar.phtml"/>
        <!--<block type="core/template" name="right.permanent.callout"
            template="callouts/right_col.phtml"/>-->
    </reference>
    <reference name="footer_links">
        <action method="addLink" translate="label title" module="catalog"
            ifconfig="catalog/seo/site_map">
            <label>Site Map</label>
            <url helper="catalog/map/getCategoryUrl" />
            <title>Site Map</title>
        </action>
    </reference>
</default>
```

Wir können Magento anweisen, das Layout mit der Seitenleiste auf der linken Seite zu verwenden, indem wir den im Folgenden hervorgehobenen Code in die XML-Datei einfügen:

```xml
<default>
    <reference name="root">
        <action method="setTemplate"><template>page/2columns-
            left.phtml</template></action>
    </reference>
    <!-- Restlicher Layoutcode ausgelassen -->
</default>
```

Nachdem wir die veränderte Layoutdatei hochgeladen haben, wird der Inhalt der Seitenleiste links neben dem Hauptinhalt angezeigt und nicht mehr rechts.

Beachten Sie, dass das Callout-Template auf der Seite nicht angezeigt wird, da wir die Callouts in unserem Shop schon zuvor ausgeblendet haben.

Keine Änderungen zu sehen? Deaktivieren Sie den Magento-Cache!

Wenn die Änderungen nach der Aktualisierung der Seite nicht angezeigt werden, müssen Sie in der Verwaltungskonsole den Magento-Cache unter System > Cache Management deaktivieren. Sobald Sie mit dem Shop in die Produktion gehen, müssen Sie ihn wieder einschalten.

4.4.1 Speicherort der Layoutdateien

Die Layoutdateien befinden sich nicht im Verzeichnis `skin/frontend`, sondern in `app/design/frontend/default/blank/layout`.

Denken Sie daran, dass `default` der Name des Interface ist, während das Theme `blank` heißt.

4.4.2 Handles

Über die Handles in den Magento-Layoutdateien können Sie eine bestimmte Ansicht in einem Shop gezielt ansprechen. Beim Handle `<default>` wird fast jede Seite des Shops vom Layout beeinflusst.

Andere Handles als <default>

Bei anderen Handles als `<default>` gelten die Änderungen im darunter verschachtelten XML-Code nur für die entsprechenden Seiten des Shops.

Betrachten wir einen Teil der XML-Layoutdatei cms.xml:

```xml
<layout version="0.1.0">
   <default>
      <reference name="footer">
         <block type="cms/block" name="cms_footer_links"
               before="footer_links">
            <action method="setBlockId">
               <block_id>footer_links</block_id>
            </action>
         </block>
      </reference>
   </default>
   <cms_page>
      <reference name="content">
         <block type="cms/page" name="cms_page"/>
      </reference>
   </cms_page>
</layout>
```

Der Handle <default> wendet ein Layout auf alle Seiten an, deren Layout in der Datei cms.xml definiert ist. Daneben gibt es im vorstehenden Code aber auch den Handle <cms_page>, der das Layout für die Seiten steuert, die im Magento-CMS erstellt werden. Das hier gezeigte Layout sagt Magento einfach nur, wo der Inhalt der Seite eingefügt werden soll.

Nützliche Handles in Magento

Zu den nützlichen Layout-Handles in Magento gehören die Bezeichner, mit denen Sie gezielt eine einzelne Seite oder einen bestimmten Bereich eines Magento-Shops ansprechen können. Einige davon sehen Sie in der folgenden Tabelle.

XML-HANDLE	BEZEICHNETE SEITE	XML-LAYOUTDATEI MIT DEM BETREFFENDEN HANDLE
catalog_category_default	Die Standardseite einer Produktkategorie	catalog.xml
customer_account	Die Kundenkontoseite, die angezeigt wird, wenn sich ein Kunde an seinem Konto im Shop anmeldet	customer.xml

XML-HANDLE	BEZEICHNETE SEITE	XML-LAYOUTDATEI MIT DEM BETREFFENDEN HANDLE
catalog_product_view	Die Produktseitenansicht (eine Seite, die ein einzelnes Produkt anzeigt)	catalog.xml
cms_page	Mit dem Magento-CMS erstellte Seiten	cms.xml

Es gibt noch viele weitere Handles, die Sie nutzen können. Mit der Weiterentwicklung von Magento werden auch diese Handles erweitert und geändert.

> **HINWEIS** Da wir nur Themes gestalten möchten, sollten wir diese Handles nicht ändern (stattdessen werden wir auf sie verweisen). Es ist allerdings gut zu wissen, wozu sie da sind.

4.4.3 Magento-Layouts: Ein weiteres Beispiel

Wir können unseren Magento-Shop statt mit einem zwei- auch mit einem dreispaltigen Layout versehen, indem wir das Template mit dem neuen Layout überschreiben. Öffnen Sie die Datei catalog.xml in app/design/frontend/default/blank/layout/ und suchen Sie den folgenden XML-Code (Voraussetzung ist, dass Sie zuvor das zweispaltige Layout eingerichtet haben):

```xml
<default>
   <!-- Mage_Catalog -->
   <reference name="root">
      <action method="setTemplate">
         <template>page/2columns-left.phtml</template>
      </action>
   </reference>
```

Ändern Sie einfach den Verweis innerhalb der `<template>`-Tags in 3columns.phtml:

```xml
<reference name="root">
   <action method="setTemplate">
      <template>page/3columns.phtml</template>
   </action>
</reference>
```

KAPITEL 4 Layout von Magento-Themes

Laden Sie die geänderte Layoutdatei hoch und aktualisieren Sie die Seite. Die Startseite ist jetzt in drei Spalten aufgeteilt:

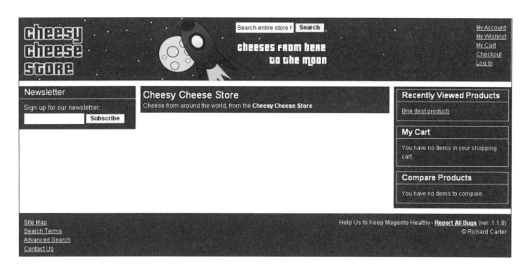

Auch die anderen Seiten von Cheesy Cheese Store nutzen jetzt das dreispaltige Layout, z. B. About Us:

4.5 Das Layout einer Seite ändern

Sie können auch das Layout einer einzelnen Seite ändern, indem Sie in der Layoutdatei `catalog.xml` die Aktion `setTemplate` mit dem betreffenden Handle einsetzen.

Wenn wir die Produktansichtseite auf ein Layout mit Seitenleiste links ändern möchten, können wir in `catalog.xml` den folgenden XML-Code unter dem Handle `catalog_product_view` bearbeiten:

```xml
<reference name="root">
    <action method="setTemplate">
        <template>page/2columns-right.phtml</template>
    </action>
</reference>
```

Hier müssen wir nur das Wort `right` in `left` ändern:

```xml
<reference name="root">
    <action method="setTemplate">
        <template>page/2columns-left.phtml</template>
    </action>
</reference>
```

Nach der Aktualisierung wird die Produktansichtsseite mit der Seitenleiste am linken Rand angezeigt.

4.6 Zusammenfassung

In diesem Kapitel haben wir die Grundlagen des Layouts behandelt:

» Ausführliche Erörterung, was Layouts in Magento sind und was Sie damit tun können

» Änderung des Shop-Layouts mit dem CMS

» Grundlagen von XML, der Sprache für Layouts in Magento

» Änderung des Shop-Layouts mit einer XML-Layoutdatei

In den folgenden Kapiteln sehen wir uns ausgefeiltere Magento-Themes an. Dabei bauen wir auf dem auf, was wir bis jetzt gelernt haben.

5. Nicht-Standard-Themes

Bis jetzt haben wir Standard-Themes verwendet, aber wir können unseren Magento-Shop durch Nicht-Standard-Themes noch weiter anpassen. Dabei sehen wir uns vor allem Folgendes an:

» Das Nicht-Standard-Theme als das Theme einrichten, das die Besucher sehen

» Mehrere einfache Nicht-Standard-Themes erstellen

» Die Theme-Hierarchie in Magento

5.1 Nicht-Standard-Themes verwenden

Die Anpassungsfähigkeit von Magento durch Themes bietet viel Raum für die Verwendung von Nicht-Standard-Themes. Einerseits können Sie damit saisonale Themes für Ihren Shop erstellen, doch daneben haben Nicht-Standard-Themes noch eine breite Palette von Verwendungszwecken:

» A/B-Tests

» Einfach zurückzunehmende Themes

» Änderung des Erscheinungsbilds einzelner Seiten, z. B. für ein bestimmtes Produkt innerhalb des Shops

» Aufbau markenspezifischer Shops innerhalb Ihres Shops, um die einzelnen Waren deutlicher zu unterscheiden, falls Sie das gleiche Produkt von mehreren Herstellern anbieten

5.1.1 A/B-Tests

Mit A/B-Tests können Sie zwei Gestaltungen Ihres Shops vergleichen. Sie testen in verschiedenen Wochen unterschiedliche Designs und ermitteln dann, bei welchem Sie die meisten Verkäufe erzielt haben. Durch die Unterstützung von Nicht-Standard-Themes in Magento können Sie dies relativ einfach durchführen.

> **HINWEIS** Denken Sie daran, dass die Ergebnisse solcher Tests aus verschiedenen Gründen nicht unbedingt wiedergeben, was Ihre Kunden tatsächlich dazu bringt, die Produkte Ihres Shops zu kaufen. Bei richtigen A/B-Tests von Websites werden den Besuchern die unterschiedlichen Designs nach einer Zufallsverteilung angezeigt. Allerdings können Ihnen solche Tests einen Einblick darin geben, was Ihre Kunden bevorzugen.

5.1.2 Einfach zurückzunehmende Themes

Wenn Sie das bestehende Theme Ihres Shops ändern möchten, können Sie mit einem Nicht-Standard-Theme einzelne Aspekte des Erscheinungsbilds überschreiben, ohne dadurch das ursprüngliche Theme zu bearbeiten.

Wenn Ihre Kunden das neue Design nicht mögen oder wenn es in einem bestimmten Browser zu Problemen führt, können Sie die Änderung ganz einfach zurücknehmen, indem Sie die Einstellungen des Shops so anpassen, dass wieder das Original-Theme angezeigt wird.

5.2 Nicht-Standard-Themes

Ein *Standard-Theme* ist das normale Erscheinungsbild Ihres Magento-Shops. Wenn also keine zusätzliche Formatierungs- oder Darstellungslogik angegeben wird, dann ist das Standard-Theme dasjenige, das die Besucher Ihres Shops sehen. Das Standard-Theme von Magento zeigt der folgende Screenshot:

Nicht-Standard-Themes sind den Standard-Themes sehr ähnlich. Auch sie bestehen aus einer Auswahl der folgenden Elemente:

- **Skins** – Bilder und CSS
- **Templates** – Die Logik, die den Inhalt oder die Funktion (z. B. den Warenkorb) der einzelnen Blöcke auf der Seite einfügt
- **Layout** – XML-Dateien, die festlegen, wo die Inhalte angezeigt werden
- **Locale** – Übersetzungen des Shops

Der Hauptunterschied zwischen Standard- und Nicht-Standard-Themes besteht darin, dass ein Standard-Theme über alle Layout- und Template-Dateien verfügen muss, die in Magento zur Ausführung erforderlich sind. Dagegen brauchen Nicht-Standard-Themes nicht alle diese Theme-Dateien, da sie bis zu einem gewissen Grad auf dem Standard-Theme des Shops aufbauen.

> **TIPP**
>
> **Sprachversionen in Magento**
>
> Viele Themes sind bereits teilweise oder vollständig in eine große Auswahl von Sprachen übersetzt. Diese Sprachversionen oder Locales können Sie von der Magento Commerce-Website unter `http://www.magentocommerce.com/langs` herunterladen.

5.3 Theme-Hierarchie

Im derzeitigen Release lässt Magento zwei Themes zu, nämlich das Standard- und ein Nicht-Standard-Theme. Letzteres hat Vorrang, wenn Magento entscheidet, was als Nächstes angezeigt werden muss. Elemente, die im Nicht-Standard-Theme fehlen, werden aus dem angegebenen Standard-Theme entnommen.

> **HINWEIS**
>
> In künftigen Versionen von Magento sollte es möglich sein, mehr als ein Standard-Theme auf einmal zu verwenden und die Hierarchie der Themes im Shop genauer zu steuern.

5.3.1 Verzeichnisstruktur von Magento-Themes

Jedes Theme in Magento muss für seine Dateien die gleiche Verzeichnisstruktur unterhalten. Wie Sie in den vorherigen Kapiteln bereits gesehen haben, sind Skin, Templates und Layout jeweils in ihren eigenen Verzeichnissen untergebracht.

Templates

Templates befinden sich im Verzeichnis `app/design/frontend/`*`interface`*`/`*`theme`*`/template` der Magento-Installation, wobei *interface* der Name der Schnittstelle (des Pakets) für den Shop ist (gewöhnlich `default`) und *theme* für den Namen des Themes steht.

Die Templates sind nach den Modulen noch weiter in Unterverzeichnisse gegliedert. So finden Sie Templates für das Katalogmodul also im Verzeichnis `app/design/frontend/`*`interface`*`/`*`theme`*`/template/catalog/`, Templates für das Kassenmodul dagegen unter `app/design/frontend/`*`interface`*`/`*`theme`*`/template/checkout`.

Layouts

Layoutdateien sind in `app/design/frontend/`*`interface`*`/`*`theme`*`/layout` gespeichert, wobei sich der Name einer Layoutdatei jeweils auf ein bestimmtes Modul bezieht. Beispielsweise enthält `catalog.xml` die Layoutinformationen für das Katalogmodul und `checkout.xml` diejenigen für das Kassenmodul.

Skins

Im Gegensatz zu Templates und Layouts werden Skins nicht im Magento-Verzeichnis `app` gespeichert, sondern in `skin/frontend/`*`interface`*`/`*`theme`*`/`.

Bilder befinden sich gewöhnlich in `skin/frontend/`*`interface`*`/`*`theme`*`/images/`. Je nach dem CSS-Code des Themes können die Bilder auch in einem anderen Verzeichnis gespeichert sein.

CSS-Dateien liegen im Verzeichnis `skin/frontend/`*`interface`*`/`*`theme`*`/css/`, das gewöhnlich auch das Druck-Stylesheet des Themes (`print`) sowie Stylesheets für das Erscheinungsbild des Shops enthält. Theme-spezifische JavaScript-Dateien finden Sie in `skin/frontend/`*`interface`*`/`*`theme`*`/js/`.

> **TIPP**
> Sie können die Speicherorte dieser Dateien zwar in den Layoutdateien Ihres Themes ändern, doch wenn Sie diese Struktur beibehalten, erleichtern Sie anderen Magento-Theme-Designern, die mit dieser üblichen Struktur vertraut sind, die Arbeit mit Ihrem Theme.

Wenn Sie diese Struktur in Ihrem Theme nicht beachten, kann Magento die Elemente, nach denen es sucht, nicht finden, so dass das Theme nicht wie erwartet funktioniert.

> **HINWEIS** Beachten Sie, dass es in Magento einen Unterschied zwischen einer Schnittstelle (die auch als Paket bezeichnet wird) und einem Theme gibt. Themes sind *ein Teil* einer Schnittstelle.

5.3.2 Nicht-Standard-Themes zuweisen

Um zu sehen, welche Änderungen das Nicht-Standard-Theme am Shop vornimmt, müssen wir die Themes in der Verwaltungskonsole von Magento ändern. Melden Sie sich an der Konsole an und wählen Sie in der Navigation die Registerkarte SYSTEM.

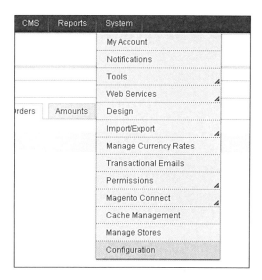

Wählen Sie dann im Drop-down-Menü unter der Option CONFIGURATION die Registerkarte DESIGN. Ändern Sie unter CURRENT CONFIGURATION SCOPE den aktuellen Gültigkeitsbereich in denjenigen, auf den Ihre Änderungen angewandt werden sollen. Hier verwenden wir den Bereich DEFAULT CONFIG.

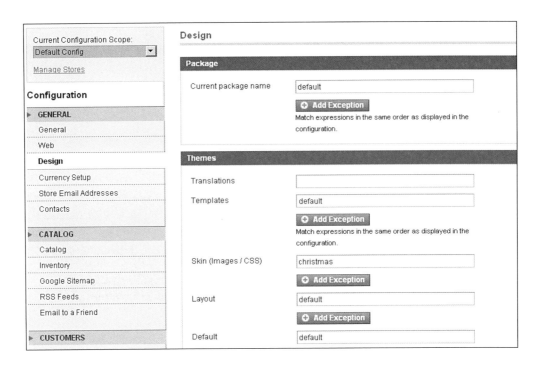

Für unser erstes Beispiel eines Nicht-Standard-Themes ändern wir lediglich das Header-Bild, das unter SKIN (IMAGES/CSS) angegeben wird. Wollen wir mit dem Weihnachts-Theme auch das Layout des Standard-Themes ändern, müssen wir hier auch die Auswahl unter LAYOUT in CHRISTMAS ändern. Nachdem wir die Änderungen gespeichert haben, werden die betreffenden Elemente des Nicht-Standard-Themes angezeigt.

5.3.3 Einschränkungen beim Zuweisen von Themes

Die bereits erwähnte Einschränkung bedeutet nicht, dass Sie nicht mehr als ein Nicht-Standard-Theme in Ihrem Magento-Shop speichern können, sondern nur, dass Sie lediglich eines dieser saisonalen Themes auf einmal anzeigen können. In kommenden Versionen von Magento wird es wahrscheinlich auch eine bessere Unterstützung für mehrere Themes geben.

5.4 Nicht-Standard-Themes erstellen

Anders als bei einem Standard-Theme müssen Sie keine Kopien der Theme-Dateien anfertigen, sondern lediglich die Dateien bearbeiten, die Sie ändern möchten.

5.4.1 Skin-Änderungen

Wenn wir den Header unseres Magento-Shops an die Weihnachtszeit anpassen möchten, können wir ein Nicht-Standard-Theme erstellen, das nur eine Datei enthält, nämlich das Header-Bild. Zurzeit sieht der Header von Cheesy Cheese Store wie folgt aus:

Da die Proportionen des Shop-Designs im Standard- und im Nicht-Standard-Theme identisch sein sollen, müssen wir die Größenverhältnisse beim neuen Header-Bild beibehalten. Außerdem müssen wir beachten, dass der Inhalt, der oberhalb dieses Bilds erscheint, lesbar bleibt, also z. B. die Optionen zum Anmelden und zur Verwaltung des Kundenkontos.

Das Erscheinungsbild des neuen Header-Bilds entspricht dem der restlichen Website, zeigt aber einige neue, weihnachtliche Aspekte.

Nachdem wir das neue Header-Bild in das entsprechende Verzeichnis hochgeladen haben (skin/frontend/default/christmas/images/), können wir es in unserem Shop sehen:

> **TIPP**
>
> **Keine Änderungen**
>
> Wenn die Änderungen nicht angezeigt werden, sollten Sie in der Magento-Verwaltungskonsole sicherstellen, dass Sie den Systemcache abgeschaltet und die Verwendung des Nicht-Standard-Themes verlangt haben.

Diese Technik können Sie für viele Ereignisse im Jahreslauf einsetzen, z. B. für Feiertage, Konferenzen und andere wichtige Ereignisse für die Kunden Ihres Shops. Wenn Sie sich die Mühe machen, Ihren Magento-Shop an saisonale Ereignisse anzupassen, zeigen Sie Ihren Kunden, dass der Shop auf dem neuesten Stand ist und sorgfältig gepflegt wird, was den Eindruck von Zuverlässigkeit stärkt.

5.4.2 Template-Änderungen

Passend zu Weihnachten können wir ein Callout-Banner mit weihnachtlichem Motiv erstellen, das ein Sonderangebot für die Auslieferung an einem bestimmten Datum anpreist. Im Standard-Theme von Magento befindet sich einer der Callouts unterhalb des Warenkorbs und der Produktvergleichsfunktion in der rechten Spalte.

KAPITEL 5 Nicht-Standard-Themes

Dieses Callout-Banner ist für unseren Shop offensichtlich ungeeignet. Sonderangebote zum Schulanfang sind bei Käse eher unüblich.

Da wir die Callouts zuvor ausgeblendet haben, müssen wir die Datei `catalog.xml` im Verzeichnis `app/design/default/blank/layout/` bearbeiten, um sie wieder sichtbar zu machen. Der Verweis auf diesen Callout steht im folgenden XML-Code:

```
<reference name="right">
   <block type="core/template" before="cart_sidebar"
      name="catalog.compare.sidebar"
      template="catalog/product/compare/sidebar.phtml"/>
   <!--
   <block type="core/template" name="right.permanent.callout"
   template="callouts/right_col.phtml"/>
   -->
</reference>
```

Durch Entfernen der Kommentarzeichen sorgen wir dafür, dass Magento die Callout-Grafik wieder in der rechten Spalte unseres Shops anzeigt:

```
<reference name="right">
   <block type="core/template" before="cart_sidebar"
      name="catalog.compare.sidebar"
      template="catalog/product/compare/sidebar.phtml"/>
   <block type="core/template" name="right.permanent.callout"
      template="callouts/right_col.phtml"/>
</reference>
```

Nachdem wir diese Änderung gespeichert und die Datei `catalog.xml` zu unserem Shop hochgeladen haben, wird die Callout-Grafik wieder auf der Seite angezeigt. Es gibt nun zwei Möglichkeiten, um diese Grafik an unsere Bedürfnisse anzupassen:

1. Wir bearbeiten das Callout-Bild selbst, das unter `skin/default/default/images/media/col_right_callout.jpg` gespeichert ist.

2. Wir verwenden das von uns erstellte Nicht-Standard-Theme `Christmas`, um das Callout-Bild zu überschreiben.

Hier nutzen wir das Nicht-Standard-Theme, um das von uns gewünschte Callout-Bild anzuzeigen, ohne die Bilder und den Code des Standard-Themes anfassen zu müssen. Auf diese Weise gewinnen wir ein „saisonales" Theme im Sinne des Wortes, dass wir am Ende der Weihnachtszeit ganz leicht wieder ersetzen können.

Wir müssen unsere neue Callout-Grafik in das Verzeichnis `skin/default/christmas/images/media/` hochladen, wobei `christmas` der Name unseres Nicht-Standard-Themes ist. Die Grafik selbst nennen wir `col_right_christmas.jpg`.

TIPP

Abmessungen von Callout-Grafiken

Wenn Ihr Theme auf dem Blank-Theme von Magento beruht, das Sie über Magento Connect beziehen können (wie es beim Theme von Cheesy Cheese Store der Fall ist), dürfen die Callout-Grafiken höchstens 195 Pixel breit sein.

Jetzt müssen wir eine Template-Datei erstellen, die die Callout-Grafik für die rechte Spalte in unserem Nicht-Standard-Theme verwendet. Dazu kopieren wir die betreffende Datei des Standard-Themes, `app/design/frontend/default/default/template/callouts/right_col.phtml`, an den entsprechenden Standort innerhalb unseres Nicht-Standard-Themes, also `app/design/frontend/default/christmas/template/callouts/right_col.phtml`.

TIPP

Sie müssen hier das Verzeichnis `christmas` und seine Unterverzeichnisse anlegen.

Der Code sieht zurzeit wie folgt aus (der Abschnitt, der uns hier interessiert, ist hervorgehoben):

```php
<?php
    /**
     * Magento
     *
     * NOTICE OF LICENSE
     *
     * This source file is subject to the Academic Free License (AFL
       3.0)
     * that is bundled with this package in the file LICENSE_AFL.txt.
     * It is also available through the world-wide-web at this URL:
     * http://opensource.org/licenses/afl-3.0.php
     * If you did not receive a copy of the license and are unable to
     * obtain it through the world-wide-web, please send an email
     * to license@magentocommerce.com so we can send you a copy
       immediately.
     *
     * DISCLAIMER
     *
     * Do not edit or add to this file if you wish to upgrade Magento
to
       newer
     * versions in the future. If you wish to customize Magento for
your
     * needs please refer to http://www.magentocommerce.com for more
       information.
     *
     * @category    design_default
     * @package     Mage
     * @copyright   Copyright (c) 2008 Irubin Consulting Inc. DBA Varien
       (http://www.varien.com)
     * @license     http://opensource.org/licenses/afl-3.0.php Academic
       Free License (AFL 3.0)
     */
?>
<div class="box">
    <img src="<?php echo $this->
        getSkinUrl('images/media/col_right_callout.jpg') ?>"
        width="195"
        alt="<?php echo __('Keep your eyes open for our special Back to
        School items and save A LOT!') ?>" style="display:block;" />
</div>
```

> **HINWEIS** Beachten Sie, dass die Kommentare zu Beginn dieser Datei in `<?php>`-Tags enthalten sind, also nicht in den XHTML-Code Ihres Shops eingefügt werden.

Im Code unseres neuen Callout-Banners müssen wir zwei Werte ändern, nämlich den Speicherort der Callout-Grafik, die wir verwenden möchten, und das `alt`-Attribut des Bilds.

```
<div class="box">
    <img src="<?php echo
        $this->getSkinUrl('images/media/col_right_callout.jpg') ?>"
        width="195"
        alt="<?php echo __('Keep your eyes open for our special Back to
        School items and save A LOT!') ?>" style="display:block;" />
</div>
```

In der neuen Datei `right_col.phtml` im Verzeichnis `app/design/frontend/default/christmas/template/callouts/` ändern wir den Namen des Bilds in den Dateinamen unserer neuen Callout-Grafik, `col_right_christmas.jpg`. Außerdem ändern wir den Wert des `alt`-Textes in einen passenderen Slogan (z. B. `christmas delivery discounts`, also Rabatte für Weihnachtslieferungen).

```
<div class="box">
    <img src="<?php echo $this->getSkinUrl('images/media/col_right_
        christmas.jpg') ?>" width="195" alt="<?php echo __('Christmas delivery
        discounts') ?>" style="display:block;" />
</div>
```

> **TIPP** Wenn Sie Rabatte anpreisen, dürfen Sie auch nicht vergessen, Sie in Abzug zu bringen! Dazu müssen Sie Magento einfach nur so einrichten, dass die Rabatte automatisch berechnet werden.

In der Magento-Verwaltungskonsole müssen Sie unter SETTINGS > CONFIGURATION > DESIGN die Werte in den Feldern SKIN (IMAGES/CSS) und TEMPLATES im entsprechenden Gültigkeitsbereich (DEFAULT CONFIG) auf `christmas` setzen:

Die neue Callout-Grafik wird jetzt in der rechten Spalte des Shops angezeigt:

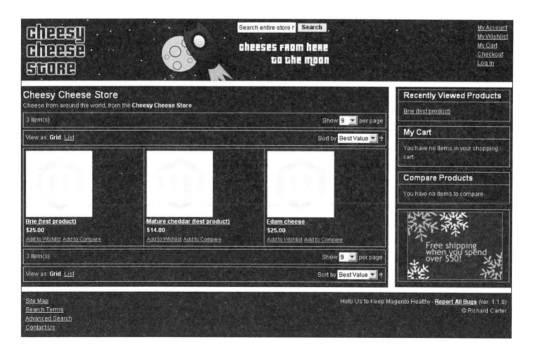

Wird der Callout nicht mehr gebraucht, können Sie die Einstellungen wieder auf das Standard-Theme zurücksetzen:

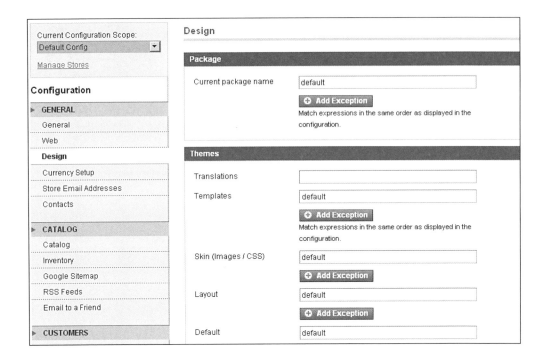

5.5 Zusammenfassung

In diesem Kapitel ging es darum, Nicht-Standard-Themes für unseren Magento-Shop zu erstellen und zu verwenden. Wir haben uns einige Verwendungszwecke für Nicht-Standard-Themes und die Theme-Hierarchie angesehen und außerdem folgende Aspekte beleuchtet:

» Einfluss von Standard- und Nicht-Standard-Themes auf den Shop

» Änderung des Headerbilds in einem Nicht-Standard-Theme

» Änderung der Template-Dateien in einem Nicht-Standard-Theme

» Anzeige eines Nicht-Standard-Themes

6. Erweiterte Magento-Themes

Wie wir gesehen haben, können wir in unserem Magento-Shop eine Menge ändern, indem wir ein Theme erstellen, das auf einem bereits vorgefertigten beruht. Dies können wir noch weitertreiben, indem wir uns die folgenden Aufgaben ausführlicher ansehen:

» Den Entwurf für das neue Magento-Theme vorbereiten

» Das Layout für das neue Magento-Theme erstellen

» Die benötigten Blöcke und Templates für den Shop erstellen

6.1 Unser neues Design

Eine gute Möglichkeit, um zu lernen, wie Magento-Themes funktionieren, besteht darin, ein Theme umfassender anzupassen, als einfach nur sein Logo und die Farben zu ändern. Genau das werden wir mit unserem neuen Design für Cheesy Cheese Store machen:

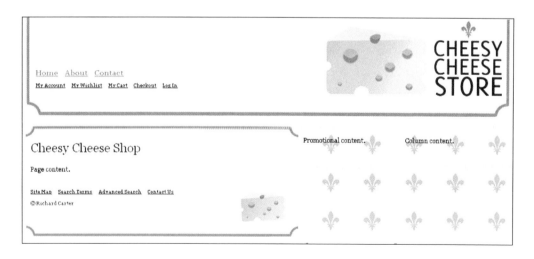

Wie Sie sehen, verwenden wir ein dreispaltiges Layout mit einer Spalte für den Hauptinhalt der Seite, einer Spalte für Werbegrafiken (z. B. „Lieferung diese Woche versandkostenfrei!") und einer letzten Spalte für den Warenkorb und andere Funktionen des Shops.

Diese Gestalt erreichen wir durch relativ einfachen XHTML- und CSS-Code sowie einige wenige Bilder. Die Grundstruktur unseres neuen Themes enthält folgende Elemente:

» Einen Header mit dem Logo, der Navigation und Links zu den Besucherkonten

» Eine linke Spalte für den Hauptinhalt der Seite

» Eine Mittelspalte für Werbegrafiken und andere Nachrichten, die den Besuchern des Shops angezeigt werden

» Eine rechte Spalte für die Funktionen des Shops wie den Warenkorb und Produktvergleiche

» Einen Footer mit den Copyrighthinweisen und Links zu den im gesamten Shop verfügbaren Funktionen wie der Sitemap und der erweiterten Suche. Dieser Bereich befindet sich in unserem neuen Magento-Shop unten links.

Magento ist ein sehr umfangreiches System. Um sicherzugehen, dass Sie bei der Theme-Gestaltung nichts übersehen, besteht die einfachste Möglichkeit darin, wieder das Blank-Theme zu installieren und von dort auszugehen. Um ihn von dem vorherigen Theme zu unterscheiden, nennen wir den neuen Skin cheese2. Kopieren Sie also die Dateien einer jungfräulichen Version des Blank-Themes aus dem Verzeichnis blank in ein neues Verzeichnis namens cheese2.

6.2 Gerüst-Templates erstellen

Der nächste Schritt beim Erstellen unseres neuen Magento-Themes besteht darin, ein *Gerüst-Template* für unser Design zu erstellen. Solche Templates legen die grobe Seitenstruktur von Magento-Themes fest.

Für unseren Shop könnten wir z. B. drei verschiedene Ansichten verwenden:

» Drei Spalten, wie der vorhergehende Screenshot zeigt

» Zwei Spalten mit einer Seitenleiste rechts

» Zwei Spalten mit einer Seitenleiste links

KAPITEL 6   Erweiterte Magento-Themes

> **TIPP** Einige Theme-Designer bevorzugen es, ihr Theme zu gestalten und dann eine statische XHTML/CSS-Version davon zu erstellen, bevor sie zu diesem Schritt kommen.

Für diese drei Möglichkeiten können wir drei verschiedene Gerüst-Templates erstellen und dann mithilfe des Layouts festlegen, welches davon jeweils den einzelnen Modulen und Seiten im Shop zugewiesen wird. Der Einfachheit halber verwenden wir in unserem neuen Theme jedoch durchgängig das dreispaltige Design. Das Gerüst-Template dafür sieht wie folgt aus:

```
<!DOCTYPE html PUBLIC "-//W3C//DTD XHTML 1.0 Strict//EN"
    "http://www.w3.org/TR/xhtml1/DTD/xhtml1-strict.dtd">
<html xmlns="http://www.w3.org/1999/xhtml" xml:lang="en" lang="en">
    <head>
        <?php echo $this->getChildHtml('head') ?>
    </head>
    <body>
        <div id="wrapper">
            <?=$this->getChildHtml('header')?>
        </div>
        <div id="main">
            <div id="content">
                <?=$this->getChildHtml('content')?>
                <div id="footer">
                    <?=$this->getChildHtml('footer')?>
                </div><!--/footer-->
            </div><!--/content-->
            <div id="left">
                <?=$this->getChildHtml('left')?>
            </div><!--/promo-->
            <div id="right">
                <?=$this->getChildHtml('right')?>
            </div><!--/column-->
        </div><!--/main-->
        <?php echo $this->getChildHtml('before_body_end') ?>
    </div><!--/wrapper-->
    <?php echo $this->getAbsoluteFooter() ?>
    </body>
</html>
```

> **HINWEIS** before_body_end ist der Inhalt, den Sie in der Magento-Verwaltungskonsole unter Configuration > Design festlegen können (unter der Überschrift General). Dies ist zum Einfügen von JavaScript nützlich, z. B. für Analysefunktionen im Shop.

Dieses Gerüst-Template speichern wir als `default.phtml` im Verzeichnis `app/design/frontend/default/cheese2/template/page` unserer Magento-Installation. Dabei ist `default` der Name der von uns verwendeten Magento-Schnittstelle und `cheese2` der Name des neuen Themes.

> **TIPP**
> Wenn die Datei bereits vorhanden ist, müssen Sie sie überschreiben, da sie ein standardmäßiges Seiten-Template für das Magento-Theme enthält.

6.2.1 getChildHtml

Die im vorstehenden Listing verwendete Methode `getChildHtml` fügt die einzelnen Strukturblöcke in die Seite ein. Als Parameter wird dieser Methode ein Wert übergeben, der angibt, wie der jeweilige Strukturblock in den Magento-Layoutdateien bezeichnet ist. Betrachten Sie folgendes Beispiel:

```
<?=$this->getChildHtml('footer')?>
```

Hier wird der Methode `getChildHtml` der Wert `footer` als Parameter übergeben, was auf den Template-Block `footer.phtml` im Verzeichnis `app/design/frontend/default/cheese2/template/page/html` verweist.

6.2.2 Das Gerüst-Template zuweisen

Nun müssen wir das neue Gerüst-Template unserem Magento-Theme zuweisen. Dazu öffnen wir im Verzeichnis `app/design/frontend/default/cheese2/layout` der Magento-Installation die Layoutdatei `page.xml` und ändern den Template-Wert in `page/default.phtml`.

```
<layout version="0.1.0">
   <default>
      <block type="page/html" name="root" output="toHtml"
         template="page/default.phtml">
      <!--layout continues -->
```

Nachdem das Gerüst-Template vollständig bearbeitet ist, können wir damit beginnen, Blöcke zu erstellen, um es mit Inhalten zu füllen.

6.3 Blöcke in Magento

Wie wir bereits gesehen haben, gibt es in Magento-Themes zwei Arten von Blöcken – Strukturblöcke und Inhaltsblöcke. Der nächste Schritt beim Erstellen unseres neuen Themes besteht darin, unser XHTML-Template in Blöcke zu zerlegen, mit denen Magento umgehen kann.

> **TIPP**
>
> **Blockpfade in vorhandenen Themes finden**
>
> Wenn Sie sich ein bestehendes Magento-Theme ansehen, sollten Sie einmal ausprobieren, in der Verwaltungskonsole die Template-Pfadhinweise einzuschalten. Wählen Sie unter System > Configuration in der Drop-down-Liste auf der linken Seite Ihren Shop aus, wählen Sie links die Registerkarte Developer, setzen Sie Template Path Hints auf Yes und speichern Sie die Änderungen. Im Template werden dann neben den Blöcken deren Pfade angezeigt.

6.3.1 Strukturblöcke

Strukturblöcke in Magento enthalten einen oder mehrere Inhaltsblöcke und werden verwendet, um diese Inhaltsblöcke auf den Seiten des Shops zu platzieren. In unserem neuen Theme haben wir folgende Strukturblöcke:

» Header

» Content (Inhalt)

» Footer

» Left Column (Linke Spalte)

» Right Column (Rechte Spalte)

Im folgenden Bild sind diese Strukturblöcke hervorgehoben.

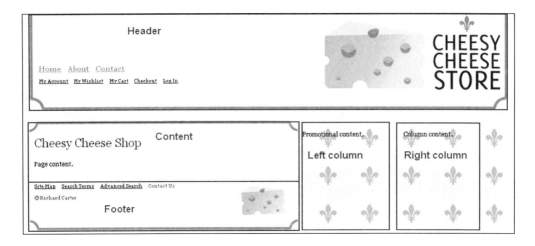

6.3.2 Inhaltsblöcke

Wie der Name schon sagt, enthalten die Inhaltsblöcke den Inhalt der einzelnen Seiten des Magento-Shops. In unserem Beispiel gibt es folgende Blöcke dieser Art:

» `Store navigation` (Shop-Navigation)
» `Store acces links` (Links für den Shop-Zugang)
» `Page content` (Seiteninhalt)
» `Footer content` (Footer-Inhalt)
» `Callout`
» `Mini cart` (kleiner Warenkorb)
» `Newsletter`

Diese Elemente unseres neuen Cheesy Cheese Store-Designs finden Sie im folgenden Screenshot:

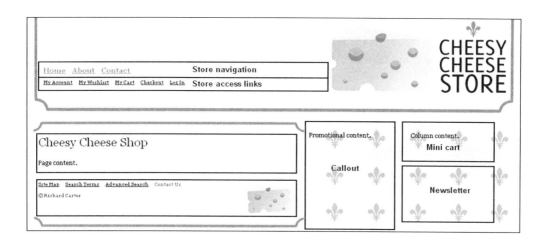

6.3.3 Einfügungen im <head>-Tag

Wir beginnen am Anfang der ursprünglichen XHTML-Datei und arbeiten uns dann nach unten durch. Die erste Template-Datei, um die wir uns kümmern, ist daher diejenige, die im <head>-Tag aufgerufen wird, also head.phtml. Sie finden sie im Verzeichnis app/design/frontend/default/cheese2/template/page/html.

Die Inhalte dieser Datei werden nicht auf der Seite angezeigt, sondern werden (teilweise) verwendet, um *Metadaten* bereitzustellen, also Informationen über die Seite, und um Suchmaschinen mitzuteilen, worum es auf der Seite geht.

```
<title><?php echo $this->getTitle() ?></title>
<meta http-equiv="Content-Type" content="
   <?php echo $this->getContentType() ?>" />
<meta name="description" content="
   <?php echo htmlspecialchars($this->getDescription()) ?>" />
<meta name="keywords" content="
   <?php echo htmlspecialchars($this->getKeywords()) ?>" />
<meta name="robots" content="
   <?php echo htmlspecialchars($this->getRobots()) ?>" />
<link rel="icon" href="<?php echo $this->
   getSkinUrl('favicon.ico') ?>" type="image/x-icon" />
<link rel="shortcut icon" href="<?php echo
   $this->getSkinUrl('favicon.ico') ?>" type="image/x-icon" />
<script type="text/javascript">
   //<![CDATA[
   var BLANK_URL = '<?php echo $this->
      helper('core/js')->getJsUrl('blank.html') ?>';
   var BLANK_IMG = '<?php echo $this->
      helper('core/js')->getJsUrl('spacer.gif') ?>';
   //]]>
</script>
```

```
<?php echo $this->getCssJsHtml() ?>
<?php echo $this->getChildHtml() ?>
<?php echo $this->helper('core/js')->getTranslatorScript() ?>
<?php echo $this->getIncludes() ?>
```

Der Code dieses Templates teilt Magento auch mit, wo die CSS-Gestaltungsanweisungen für unser Theme zu suchen sind (die entsprechende Zeile ist hervorgehoben). Wir müssen daher nichts am Code ändern.

6.3.4 Die Datei header.phtml für den Shop erstellen

Im neuen Design für unseren Shop soll die Datei header.phtml das Logo, die Navigationslinks und die Shop-Links enthalten, zu denen auch die Links zu den Kundenkonten und zu kontogebundenen Funktionen wie dem Warenkorb und die Anmeldung bzw. Abmeldung gehören. Wir müssen diese Datei im Verzeichnis app/design/frontend/default/cheese2/template/page/html der Magento-Installation öffnen und wie im Folgenden beschrieben ändern.

Shop-Links

Die Datei top.links.phtml fügt den erforderlichen Code für die Shop-Links des Magento-Themes ein.

```
<?php if($toplinks && is_array($toplinks)): ?>
<ul class="shop-access">
   <?php echo $this->getChildHtml() ?>
   <?php foreach($toplinks as $_toplink): ?>
      <li<?php if($_toplink['first']||$_toplink['last']): ?>
         class="<?php if($_toplink['first']): ?>first
         <?php endif;?><?php if($_toplink['last']): ?>
         last <?php endif; ?>"<?php endif; ?>
         <?php echo $_toplink['liParams'] ?>>
      <?php echo $_toplink['beforeText'] ?>
      <a <?php echo $_toplink['aParams'] ?>>
      <?php echo $_toplink['innerText'] ?>
      </a><?php echo $_toplink['afterText'] ?></li>
   <?php endforeach; ?>
   </ul>
<?php endif; ?>
```

Der PHP-Code mag kompliziert sein, ist aber nötig, um je nachdem, ob die Kunden an- oder abgemeldet sind, die erforderlichen Links anzuzeigen, die sie für den Zugriff auf ihre Konten benötigen. Er erstellt eine ungeordnete Liste der Navigationselemente, woraufhin XHTML-Code wie der folgende generiert wird. In diesem Beispiel wird vorausgesetzt, dass der Kunde noch nicht an einem Konto des Shops angemeldet ist:

```
<ul class="shop-access">
   <li class="first">
   <a href="https://yourstore.com/customer/account/"
      title="My Account" >My Account</a></li>
   <li ><a href="http://yourstore.com/wishlist/" title="My Wishlist"
      class="top-link-wishlist">My Wishlist</a></li>
   <li ><a href="http://yourstore.com/checkout/cart/"
      title="My Cart" class="top-link-cart">My Cart</a></li>
   <li ><a href="http://yourstore.com/checkout/"
      title="Checkout" class="top-link-checkout">Checkout</a></li>
   <li class="last">
      <a href="https://yourstore.com/customer/account/login/"
         title="Log In" >Log In</a>
   </li>
</ul>
```

Das erste und das letzte Listenelement werden durch eine Klasse bezeichnet (.first bzw. .last). Dies kann hilfreich sein, wenn Sie diese Links anders gestalten möchten als die übrigen in der Liste.

Das Logo des Shops ändern

Sie haben bereits gelernt, wie Sie das Logo Ihres Magento-Shops und den alt-Text dafür in der Verwaltungskonsole ändern. Damit dies auch bei unserem neuen Theme möglich ist, müssen wir in der Datei header.phtml einige Änderungen an dem Code vornehmen, der das Logo betrifft:

```
<a href="#" title="<?php echo $this->getLogoAlt() ?>">
   <img id="logo" src="<?php echo $this->getLogoSrc() ?> "
      alt="<?php echo $this->getLogoAlt() ?>" />
</a>
```

`<?php echo $this->getLogoAlt() ?>` fügt den alt-Text für das Logo auf der Seite ein, `<?php echo $this->getLogoSrc() ?>` die Adresse des Logos, die in der Verwaltungskonsole festgelegt wird. *Sie sollten diesen Code nicht ändern.*

Schließlich speichern wir die Logodatei im Verzeichnis skin/frontend/default/cheese2/images.

Das Logo in der Verwaltungskonsole ändern

Wir setzen hier voraus, dass in der Verwaltungskonsole der Wert für LOGO IMAGE SRC unseres Shops auf `images/logo.gif` gesetzt ist. Wenn Sie ein Logo mit einem anderen Dateinamen verwenden möchten, können Sie diesen Wert einfach ändern. Sie finden ihn auf der Registerkarte DESIGN unter SYSTEM > CONFIGURATION. Laden Sie anschließend das neue Logo in das Bildverzeichnis hoch.

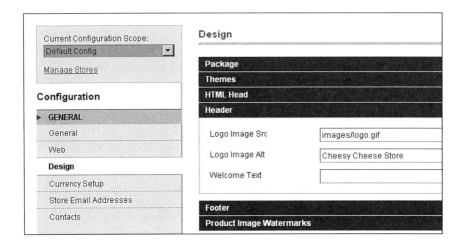

Die Datei `header.phtml` ist damit vollständig.

6.3.5 Footer.phtml

Der Footer enthält die Links zur erweiterten Suchfunktion, zur Sitemap und zu den RSS-Feeds. Die Datei `footer.phtml` ist ziemlich kurz und enthält den folgenden Code:

```
<div class="informational">
<   ?php echo $this->getChildHtml() ?>
</div>
<p class="legality">
   <?php echo $this->getCopyright() ?>
</p>
```

Dadurch erhält der Footer unserer Seite Inhalt wie den folgenden:

```
<div class="informational">
   <ul>
      <li class="first">
         <a href="http://yourstore.com/catalog/seo_sitemap/category/"
            title="Site Map" >Site Map</a></li>
      <li >
         <a href="http://yourstore.com/catalogsearch/term/popular/"
            title="Search Terms" >Search Terms</a></li>
      <li >
         <a href="http://yourstore.com/catalogsearch/advanced/"
            title="Advanced Search" >Advanced Search</a></li>
      <li >
         <a href="http://yourstore.com/contacts/"
            title="Contact Us" >Contact Us</a></li>
      <li class="last">
         <a href="http://yourstore.com/rss/"
            title="RSS testing" class="link-feed">RSS</a></li>
   </ul>
</div>
<p class="legality">
&copy; Richard Carter
</p>
```

Zum Glück müssen wir für unser Theme im Template `footer.phtml` nichts ändern, so dass wir sie so übernehmen können, wie sie im Blank-Theme von Magento erscheint.

6.3.6 Pager.phtml

Die Datei `pager.phtml` erstellt bei Bedarf den Code für die Paginierung. Der Code kann so bleiben wie im ursprünglichen Theme, so dass wir auch hier keine Änderungen vornehmen.

6.3.7 Wrapper.phtml

Zum Schluss können wir für unser Seiten-Template die Datei `wrapper.phtml` erstellen. Sie wird zwar für die meisten Ansichten unseres Magento-Shops nicht gebraucht, es ist aber trotzdem sinnvoll, sie so zu belassen, wie sie im Standard-Theme auftritt, da einzelne Ansichten in Magento sie nutzen (z. B. der AJAX-Lader).

```
<?php $_tag = $this->hasTag() ? $this->getTag() : "div" ?>
<<?php echo $_tag?> id="<?php echo $this->getId()?>"
   <?php echo $this->getParams()?>>
<?php echo $this->getChildHtml()?>
</<?php echo $_tag?>>
```

6.3.8 IDs und Klassen in Magento

Wenn Sie Themes erstellen, die Sie mit anderen Magento-Benutzern austauschen möchten, ist es sinnvoll, für die Elemente in Ihrem Shop die Benennungskonventionen beizubehalten, die in den Standard-Themes von Magento verwendet werden. Die üblichen Bezeichnungen sind auch eine nützliche Referenz, wenn Sie den CSS-Code für ein Magento-Theme schreiben.

CSS-ID/-KLASSE	BESCHREIBUNG
.wrapper	Umfasst gewöhnlich den gesamten Inhalt des Shops innerhalb des `<body>`-Elements und kann bei Bedarf verwendet werden, um z. B. den Entwurf zu zentrieren.
#logo	Diese ID verweist auf das Logo des Shops, das sich gewöhnlich in einem `<h1>`-Element befindet.
.header	Gewöhnlich sind das Logo des Shops, die Suchfunktion und Kundenlinks im Header enthalten. Das Schöne am Theme-Design in Magento ist aber, dass Sie dies auch ändern können, wenn Ihnen danach ist.
.shop-access	Dieses Element wird als Container für Links zu den Magento-Kundenfunktionen wie Kundenkonten, Warenkorb und Wunschlisten genutzt.
.header-nav	Diese Klasse umfasst die Navigationslinks des Shops. Häufig handelt es sich dabei um Links zu den Kategorien und Unterkategorien.
.breadcrumbs	Diese Klasse umfasst die Breadcrumb-Navigation für die Links, die den Kunden zeigt, wo sie sich innerhalb des Shops befinden.
.head	Diese Klasse umfasst die Überschriftenelemente im Hauptrumpf (z. B. das `<h1>`-Element). Es gibt Theme-Designs, bei denen Sie diese Klasse nicht brauchen.
.content	Diese Klasse umfasst die Inhalte im Shop.
.legality	Diese Klasse wird gewöhnlich für den Copyright-Hinweis im Footer des Shops verwendet, den Sie im Magento-CMS bearbeiten können.

Da Magento ein so leistungsstarkes E-Commerce-System ist, gibt es eine große Menge dieser IDs und Klassen, und sie alle aufzuführen, wäre des Guten zu viel. Wenn Sie mehr darüber erfahren möchten, ist es am einfachsten, sich den HTML-Quelltext Ihrer Seite anzusehen und dort nach den Bereichen zu forschen, die Sie interessieren.

6.3.9 Gestaltung mit CSS

Wir können jetzt die XHTML-Struktur unseres Themes mit CSS gestalten. Die CSS-Datei wird im Verzeichnis `skin/frontend/default/cheese2/css` gespeichert, wobei `cheese2` der Name des Themes ist.

Den CSS-Code zurücksetzen

Als Erstes müssen wir den CSS-Code teilweise zurücksetzen, damit die Standardwerte des Browsers unser neues Magento-Theme nicht beeinträchtigen.

```css
address, caption, cite, code, dfn, th{
    font-style:normal;
    font-weight:normal
}
abbr, acronym{
    border:0
}
body, html{
    margin:0;
    padding:0
}
blockquote, body, div, dl, dt, dd, fieldset, form, h1, h2, h3, h4, h5,
h6, input, li, ol, ul, p, pre, textarea, td, th{
    margin:0; padding:0
}
caption, th{
    text-align:left
}
h1, h2, h3, h4, h5, h6, p, pre, blockquote{
    background:transparent;
    font-weight:normal;
    word-spacing:0px
}
fieldset, img{
    border:0
}
```

```
table{
   border-collapse:collapse;
   border-spacing:0
}
```

Zweitens geben wir Elementen wie Links, Überschriften und dem Rumpf (`<body>`) eine grundlegende Gestaltung, um durch Farben und Schriften ein allgemeines Erscheinungsbild festzulegen. Die Schriftgröße (`font-size`) des Rumpfs wird auf 62.5% gesetzt, damit sie in verschiedenen Browsern einheitlicher angezeigt wird.

```
body {
   background: #F7F4E7 url("images/body_bg.png") repeat top left;
   color: #000;
   font-family: "georgia", "times new roman", "times", serif;
   font-size: 62.5%
}
h1, h2, h3, h4, h5, h6 {font-weight: bold;line-height: 200%}
h1 {color: #333}
h2 {color: #C6AD52;font-size: 100%;line-height: 125%}
h3 {line-height: 110%;text-transform: uppercase}
h4, h5, h6 {color: #C6AD52;font-size: 100%;line-height: 100%}
a, a:link, a:active {color: #333}
a:hover {color: #09C;text-decoration: none}
.no-display {display: none !important}
```

Wir haben hier die Klasse `.no-display` definiert und ihr `display: none` zugewiesen, da diese CSS-Klasse in vielen Magento-Themes verwendet wird.

Anschließend legen wir einzelne Stilregeln für die verbleibenden Elemente fest. Dazu gestalten wir `.wrapper`. Diese Klasse verweist auf den gesamten Inhalt, der innerhalb des Browserfensters zentriert werden soll. Außerdem gestalten wir das Logo, damit es dort angezeigt wird, wo wir es haben möchten – nämlich oben rechts auf dem Bildschirm.

```
.wrapper {
   margin: 0 auto;
   width: 950px
}
img#logo {
   /* Wir verwenden für das Logo kein h1-Element. */
   display: inline;
   float:right;
   margin-bottom: 10px;
   padding: 0 10px 0 0
}
```

```css
.header {
   background: transparent url("images/header_bg.png")
      no-repeat top right;
   height: 193px;
   margin-bottom: 20px
}
```

Als Nächstes gestalten wir die Navigations- und Shop-Zugriffs-Links, die im Header-Bereich des neuen Themes erscheinen.

```css
ul#nav {
   float: left;font-size: 135%;
   list-style-type: none;
   padding: 100px 0 0 20px
}
#nav li {display: inline;margin-right: 10px}
#nav a {color: #C6AD52;font-weight: bold}
#nav a:hover, .shop-access a:hover {color: #09C}
ul.shop-access {
   background: #FFF;
   clear: left;
   list-style-type: none;
   margin: 10px 0 10px 20px !important;
   padding: 10px 0;
   width: 500px
}
.shop-access li {display: inline;margin-right: 10px}
.shop-access a {color: #333}
```

Danach sind die Inhaltsbereiche an der Reihe. Für alle drei Spalten im Inhaltsbereich legen wir einen Breitenwert sowie `float: left` fest, um unser dreispaltiges Layout zu erzielen.

> **TIPP**
>
> An den Stellen, an denen wir `float` deklarieren, wenden wir auch `display: inline` an, um Probleme in einigen Versionen von Internet Explorer zu umgehen.

```css
#main {
   clear: both;
   font-size: 120%
}
#main a {
   color: #09C
}
```

```css
#main p, #main ul, #main ol, #main dl {
    margin: 10px 0
}
#main ol, #main ul {
    margin-left: 15px
}
#main img {
    clear: right;
    float: right;
    margin: 10px 0 10px 10px
}
#main img.float_left {
    clear: left !important;margin: 10px 10px 0 0 !important
}
#content a:visited {
    color: #666
}
#content, #left, #right {
    display: inline;
    float: left
}
p.contact {
    border-top: 1px #666 dotted;
    border-bottom: 1px #666 dotted;
    color: #666;
    font-size: 110%;
    padding: 5px 0
}
.contact span {
    font-weight: bold
}
#content {
    background: #FFF url("images/content_bg.png") no-repeat top left;
    padding: 20px 10px 0 10px;
    width: 515px
}
#left, #right {
    padding: 10px;
    width: 180px
}
#left h2 {
    text-align: center
}
```

Zuletzt gestalten wir den Footer. Dabei sorgen wir dafür, dass das Hintergrundbild angezeigt wird.

```css
#footer {
   background: #FFF url("images/footer_bg.png") no-repeat bottom left;
   clear: both;
   color: #666;
   font-size: 80%;
   height: 75px;
   margin: 0 -10px !important;
   padding: 20px 150px 20px 10px;
   width: 375px
}
#footer ul {
   list-style-type: none;
   margin: 0
}
#footer li {
   display: inline;
   margin-right: 10px
}
#footer a {
   color: #333
}
#footer a:hover {
   color: #09C
}
```

> **TIPP**
>
> **Ordnen Sie Ihren CSS-Code!**
>
> In einer CSS-Datei können Sie die Dinge, nach denen Sie suchen, leichter finden, wenn Sie die Attribute (z. B. background, color, margin, padding) alphabetisch ordnen. Dies gilt vor allem für umfangreiche CSS-Dateien.

Bevor wir die Änderungen sehen können, müssen wir den Magento-Cache ausschalten.

6.4 Den Cache abschalten

Um unser neues Theme einfacher testen und optimieren zu können, schalten wir den Cache in der Magento-Verwaltungskonsole unter SYSTEM > CACHE MANAGEMENT aus:

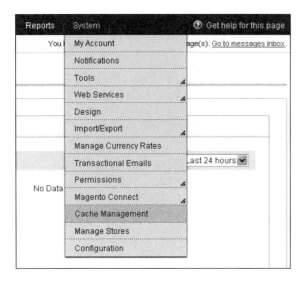

Wählen Sie aus der Drop-down-Liste einfach die Option DISABLE:

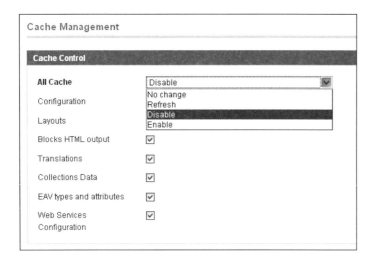

Speichern Sie die Einstellungen. Der Systemcache ist jetzt deaktiviert.

TIPP Vergessen Sie nicht, den Systemcache wieder einzuschalten, wenn Sie den Shop vom Test in den Live Modus starten – dadurch verringern Sie die Last auf dem Server.

Wenn Sie jetzt die Seite in Ihrem Browser aktualisieren, sehen Sie sie in einer Form wie im folgenden Screenshot (vorausgesetzt, dass sich die Elemente in den richtigen Verzeichnissen befinden).

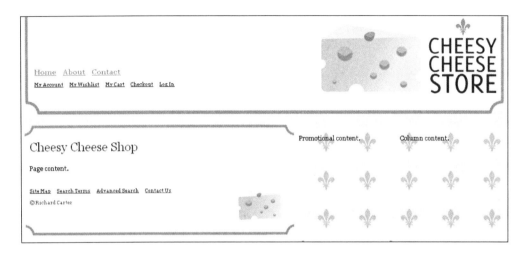

6.5 Ein Favoritensymbol erstellen

Unser Magento-Skin kann auch eine Datei für ein Favoritensymbol (Favicon) enthalten. Dazu müssen wir lediglich die Datei `favicon.ico` im Skin-Verzeichnis unseres Themes speichern. Für das neue Theme von Cheesy Cheese Store verwenden wir also `skin/frontend/default/cheese2/favicon.ico`.

> **TIPP**
>
> **Generatoren für Favoritensymbole**
>
> Im Web gibt es eine Reihe von kostenlosen Generatoren für Favoritensymbole, mit denen Sie ein Bild (z. B. im Format GIF, JPEG oder PNG) ins `.ico`-Format konvertieren können. Einen brauchbaren Generator finden Sie z. B. auf der Website von Dynamic Drive unter `http://tools.dynamicdrive.com/favicon/`.

6.6 Das Theme festlegen

Wie immer müssen wir unser neues Magento-Theme in der Verwaltungskonsole festlegen, und zwar auf der Registerkarte SYSTEM des Navigationsbereichs unter CONFIGURATION. Auf der Registerkarte DESIGN (linke Seite) können Sie unter der Überschrift THEMES den Wert der Felder TEMPLATES, SKINS und LAYOUT jeweils auf `cheese2` für das neue Theme einstellen.

KAPITEL 6   Erweiterte Magento-Themes

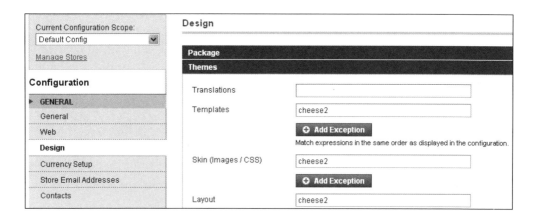

Nachdem Sie die Einstellungen gespeichert haben, können Sie die Änderungen sehen, die wir an dem neuen Theme vorgenommen haben.

> **TIPP**
> Denken Sie daran, den Magento-Cache in der Verwaltungskonsole des Shops auszuschalten, da die Änderungen am Theme sonst nicht angezeigt werden.

6.7 Zusammenfassung

In diesem Kapitel haben wir damit begonnen, ausgefeiltere Magento-Themes zu erstellen. Dazu haben wir folgende Aufgaben erledigt:

» Ein Gerüst-Template für das Theme erstellen

» Den HTML-Code in die Blöcke zerlegen, die Magento braucht

» Die Layoutdateien des Themes bearbeiten

» Den Skin für das Theme erstellen

Als Nächstes sehen wir uns an, wie wir die Template- und Layoutdateien des Themes vervollständigen.

7. Magento-Themes für Fortgeschrittene

Im letzten Kapitel haben wir damit begonnen, das neue Magento-Theme unseres Shops auf der Grundlage eines XHTML- und CSS-Templates zu entwickeln. Es gibt in diesem Theme jedoch immer noch Template- und Layoutdateien, die wir ändern können. In diesem Kapitel vollenden wir unser neues Theme, indem wir diese Dateien bearbeiten und auch einige weitere Änderungen am Skin vornehmen.

Wenn Sie es bis jetzt noch nicht getan haben, sollten Sie jetzt dafür sorgen, dass sich alle Dateien einer sauberen Kopie des Blank-Themes in den entsprechenden Verzeichnissen des Themes `cheese2` befinden.

Die Layout- und Template-Dateien sind im Verzeichnis `app/design/frontend/default/cheese2` gespeichert, Erstere im Unterverzeichnis `layout`, Letztere unter `template`. Die Skin-Dateien – CSS, Bilder und JavaScript – gehören in `skin/frontend/default/cheese2`.

7.1 Aufgaben der Theme-Gestaltung

Kenntnisse der Theme-Gestaltung in Magento gewinnen Sie am besten dadurch, dass Sie einige Änderungen an Ihrem Theme vornehmen. Was Sie dabei lernen, können Sie dann bei ähnlichen Situationen in anderen Bereichen anwenden. Dazu sehen wir uns folgende Aufgaben an:

» Die Produktseite des Themes anpassen

» Die Navigation im Shop anpassen

» Eine eigene „Nicht gefunden"-Fehlerseite erstellen

» Das Theme über das Layout noch weiter anpassen

Nachdem wir uns angesehen haben, wie Sie diese Änderungen mit den Layout- und Template-Dateien von Magento vollziehen, haben Sie eine genauere Vorstellung davon, wie Magento-Themes und deren Dateien das hervorbringen, was Sie auf dem Bildschirm sehen.

7.1.1 Die Produktseite anpassen

Die erste und wahrscheinlich offensichtlichste Aufgabe, der wir uns widmen, ist die Änderung der Produktseite im Theme. Zurzeit sieht der Standardinhaltsbereich wie im folgenden Bild aus:

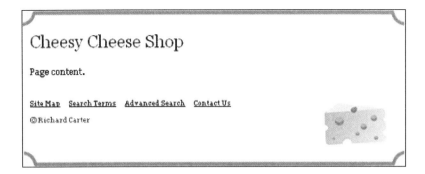

Ohne Gestaltung der einzelnen Elemente sehen die Produktseiten wie folgt aus:

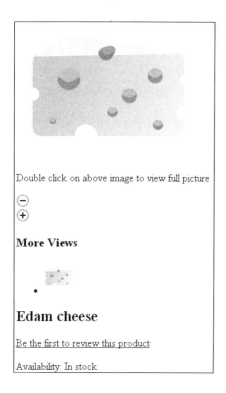

Mit den geerbten grundlegenden Gestaltungen aus der Datei styles.css des Blank-Themes (in skin/frontend/default/cheese2/css) wirkt die Produktseite schon ansehnlicher:

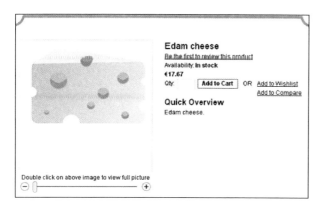

Wir können die CSS-Attribute für die Anzeige der Produkte nach Belieben bearbeiten. Eine große Verbesserung des Erscheinungsbilds erreichen Sie einfach dadurch, dass Sie den CSS-Code des Blank-Themes an das Farbschema des Shops anpassen. Diese Aufgabe kann für Theme-Designer sehr viel Zeit in Anspruch nehmen.

Die Inhaltshierarchie zur Verbesserung von Suchmaschinenergebnissen optimieren

Das Template für die Produktansichtsseite unseres Themes befindet sich im Verzeichnis `app/desing/frontend/default/cheese2/template/catalog/product` und heißt `view.phtml`. Dieses Template bearbeiten wir vor allem, um die Hierarchie der Inhalte auf der Produktseite des Shops zu optimieren und dadurch in Suchmaschinen bessere Ergebnisse für die Produkte zu erzielen.

Suchen Sie in `view.phtml` nach dem folgenden Code, der eine kurze Beschreibung des Produkts einfügt:

```
<h 4><?php echo $this->__('Quick Overview') ?></h4>
<div class="short-description">
    <?php echo $_helper->productAttribute($_product,
        nl2br($_product->getShortDescription()), 'short_description')
?>
</div>
```

Wenn wir im `<h4>`-Überschriftenelement (der betreffende Code ist im folgenden Listing hervorgehoben) den Namen des Produkts hinzufügen, können wir sofort deutlich machen, worum es in dem kurzen Überblick (Quick Overview) geht:

```
<h4>
    <?php echo $this->__('Quick Overview for ') ?>
    <?php echo $_helper->productAttribute($_product,
        $this->htmlEscape($_product->getName()), 'name') ?>
</h4>
<div class="short-description">
    <?php echo $_helper->productAttribute($_product,
        nl2br($_product->getShortDescription()), 'short_description')
?>
</div>
```

Durch diese Änderung werden nicht nur verwandte Informationen auf logischere Weise gruppiert, auch Suchmaschinen, die den Magento-Shop analysieren, erhalten einen besseren Eindruck davon, welchen Zweck die Seite hat. Dadurch können Sie mehr Kunden anziehen, die nach den in Ihrem Shop vertriebenen Produkten suchen.

> Probieren Sie aus, was sich für das Design und Layout Ihres Shops am besten eignet, indem Sie Nicht-Standard-Themes einsetzen.

7.1.2 Die Navigation anpassen

Die Navigation ist ein wichtiges Element des Magento-Shops, da Sie es den Kunden damit ermöglichen, das Gesuchte schneller zu finden. In einigen Situationen wird die Navigation im Theme nicht angezeigt, worum wir uns im Folgenden kümmern.

Die Navigation in Magento anzeigen

Wenn die Navigation in Ihrem Shop nicht angezeigt wird, melden Sie sich an der Verwaltungskonsole an und stellen Sie sicher, dass alle Kategorien der Navigation, die Sie anzeigen lassen möchten, Unterkategorien der Wurzelkategorie sind.

Standardmäßig heißt diese Wurzelkategorie Default Category. Der Wert für Is Active dieser Kategorie muss Yes lauten.

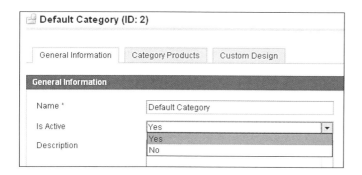

Um die Wurzelkategorie als Elternelement einer anderen Kategorie Ihres Shops festzulegen, wählen Sie die Kategorie in der Verwaltungskonsole unter Catalog > Manage Categories aus.

Eine neue Wurzelkategorie erstellen

Wenn Ihr Shop noch nicht über eine Wurzelkategorie verfügt, müssen Sie sie erstellen, damit Sie ihr andere Kategorien zuweisen können. Anderenfalls wird die Navigation nicht angezeigt. Um eine neue Wurzelkategorie anzulegen, wählen Sie in der Verwaltungskonsole unter Catalog > Manage Categories die Option Add Root Category.

Nachdem Sie die Felder ausgefüllt haben, können Sie der Wurzelkategorie andere Kategorien zuordnen, die dann in der Navigation des Themes angezeigt werden.

Die Navigation bearbeiten

Wenn Sie die Navigation des Shops bearbeiten möchten, ergänzen Sie den CSS-Code in der Datei `styles.css` aus dem Verzeichnis `skin/frontend/default/cheese2/css`. Dieser CSS-Code wird in der Template-Datei `top.phtml` unter `app/design/frontend/default/cheese2/template/catalog/navigation` verwendet.

Die Navigation gestalten

Der CSS-Code, den wir hinzugefügt haben, hat die Navigation bereits gestaltet. Nach einer Aktualisierung der Seite erscheinen einige der Produktkategorien, wie Sie im folgenden Bild sehen:

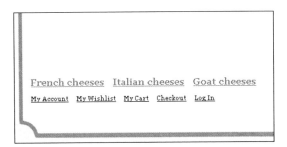

Wir können auch das Aussehen der Navigation verändern, indem wir die Datei `skin/frontend/default/cheese2/css/styles.css` bearbeiten.

7.1.3 Eine eigene „Nicht gefunden"-Seite erstellen

Sie können auf einfache Weise eine eigene „Nicht gefunden"-Seite erstellen, die dem Kunden angezeigt wird, wenn der Fehler 404 auftritt. Wählen Sie in der Verwaltungskonsole des Shops unter CMS die Option MANAGE PAGES aus und geben Sie im Feld SEF URI IDENTIFIER den Wert `no-route` ein. Magento weiß dann, dass Sie diese Seite als Ihre selbst definierte „Nicht gefunden"-Fehlerseite verwenden möchten.

Setzen Sie STATUS auf ENABLED und speichern Sie die Seite. Ihre eigene Seite für den Fehler 404 ist fertig!

Eine „Nicht gefunden"-Seite mit Templates erstellen

Alternativ können Sie eine Fehlerseite auch mit den Templates des Themes erstellen. Dazu verwenden Sie das Template `no-route.phtml` im Verzeichnis `app/design/frontend/default/cheese2/template/cms/default`. Dieses Template wird angezeigt, wenn es im Magento-CMS keine 404-Seite („Seite nicht gefunden") gibt.

7.1.4 Erweiterte Layouts in Magento

Die Layouts für unser neues Theme sind im Verzeichnis `app/design/frontend/default/cheese2/layout` gespeichert. Durch die Bearbeitung von Templates können Sie kleinere Änderungen an der Funktionsweise und dem Erscheinungsbild Ihres Themes durchführen, doch durch Änderungen an den Layoutdateien lässt sich das Aussehen des Shops stärker beeinflussen. Magento erkennt zwei Arten von Layouts:

» Standardlayouts
» Layoutaktualisierungen

Standardlayouts

Ein Standardlayout macht genau das, was Sie erwarten: Es stellt das Layout bereit, das standardmäßig in Magento verwendet wird. Solange Sie also kein seiten- oder modulspezifisches Layout für eine bestimmte Ansicht des Shops angeben, wird das Standardlayout verwendet.

Layoutaktualisierungen

Durch Layoutaktualisierungen ändert Magento das Layout von der Standardform in eine alternative Variante. Damit lassen sich CSS- und JavaScript-Dateien angeben, die nicht mehr für jede einzelne Seite geladen werden müssen.

```
<!-- Layout ausgelassen -->
<reference name="root">
   <action method="setTemplate">
      <template>page/update-layout-template.phtml</template>
   </action>
</reference>
<!-- Layout ausgelassen -->
```

Über das Element `<action>` wird auf das Template verwiesen, so dass das Layout der Seite aktualisiert werden kann.

> **HINWEIS**
>
> **Das Element `<action>` kann auch in den Standardlayouts von Magento verwendet werden.**

Da sich nun alle Gestaltungsanweisungen für unser neues Theme in einer CSS-Datei befinden, nämlich `styles.css` im Verzeichnis `skin/frontend/default/cheese2/css`, brauchen wir nicht mehr auf andere CSS-Dateien zu verweisen, die zum Standard-Theme von Magento gehören.

Wie funktionieren Magento-Layouts?

Mithilfe weniger XML-Elemente bieten Magento-Layouts große Flexibilität bei der Theme-Gestaltung.

Handles im Layout

Über Layout-Handles kann Magento bestimmen, wo die entsprechenden Anweisungen anzuwenden sind. Dabei gibt es zwei grundlegende Typen, nämlich Standard- und Nicht-Standard-Handles. Die Layoutanweisungen in einem `<default>`-Handle werden vor den seitenspezifischen Anweisungen auf eine Seite angewendet.

Bei anderen Handles als `<default>` wird das zugehörige Layout auf die entsprechende Seite angewendet. Layoutaktualisierungen im Handle `<sendfriend_product_send>` von `sendfriend.xml` gelten z. B. nur für das Formular SEND TO A FRIEND.

Layoutblöcke

Wie Sie wissen, gibt es zwei Arten von Blöcken in Magento, nämlich Struktur- und Inhaltsblöcke, die Sie in den Layoutdateien unterscheiden können. Dort enthalten die Strukturblöcke das Attribut `as` und weisen die entsprechenden Magento-Templates dem richtigen Bereich des Gerüst-Templates für unser Theme zu. Im Element `<block>` können Sie unter anderem folgende Attribute verwenden:

- `action`
- `after` und `before`
- `as`
- `name`
- `type`

Das Attribut action

Das Attribut `action` wird verwendet, um Skindateien wie JavaScript und CSS in das `<head>`-Element des Magento-Shops zu laden. Der folgende Code lädt z. B. die JavaScript-Datei `jquery.min.js` in das Verzeichnis `jquery`, das sich im Skin-Verzeichnis des Themes befindet:

```
<action method="addJs">
    <script>jquery/jquery.min.js</script>
</action>
```

Das Attribut as

Das Attribut `as` gibt in einem Magento-Layout den Namen an, der einem Block von einem Template zugewiesen wird. Wenn Sie in einer Layoutdatei z. B. `<block as "header">` sehen, wird damit auf den Block mit der Bezeichnung `header` im Gerüst-Template des Themes verwiesen.

Die Attribute after und before

Mit den Attributen `after` und `before` geben Sie an, wo ein Block innerhalb eines Strukturblocks erscheinen soll.

Das Attribut type

Das Attribut `type` bezeichnet das Modul, auf das das Layout verweist, z. B. `CatalogSearch` oder `Newsletter`. Dadurch wird festgelegt, was der Block tun soll. Wenn Sie damit nicht vertraut sind, sollten Sie dies so lassen, wie es in den Layoutdateien steht.

Layoutverweise

In den Layoutdateien werden auch `<reference>`-Elemente verwendet, um Verweise auf einen anderen Block zu machen. Im Gegensatz zum Attribut `type` wirkt sich das Element `<reference>` nur im kleinen Maßstab auf das Seitenlayout aus. Hierdurch können Blöcke aus einem Modul in anderen Modulen des Shops platziert werden (z. B. der Mini-Warenkorb aus dem Warenkorbmodul).

addJS im Layout

Verweise auf JavaScript-Dateien können Sie mit der Aktion `addJS` hinzufügen. Diese Verweise werden relativ zum Pfad der Magento-Installation angegeben. Der folgende Code aus dem weiter vorn vorgestellten Layout fügt die Datei `effects.js` hinzu, die sich im Verzeichnis `scriptaculous` der Magento-Installation befindet:

```
<action method="addJs">
   <script>scriptaculous/effects.js</script>
</action>
```

addCss im Layout

Die Aktion `addCss` in einer Magento-Layoutdatei sorgt dafür, dass eine CSS-Datei in das `<head>`-Element des Shops geladen wird. Die folgende Layoutanweisung aus dem zuvor gezeigten Codeausschnitt fügt die CSS-Datei `style.css` aus dem Verzeichnis `skin/frontend/default/cheese2/css` hinzu, wobei `cheese2` der Name des aktuellen Magento-Themes ist.

```
<action method="addCss">
   <stylesheet>css/style.css</stylesheet>
</action>
```

Mit dieser Methode können Sie bei Bedarf CSS-Dateien für besondere Merkmale auf einer Seite laden.

as im Layout

Das Attribut as teilt Magento mit, welche Bereiche der Gerüst-Templates durch welche anderen Templates ersetzt werden müssen. Der folgende Layoutcode gibt an, dass die Datei header.phtml aus dem Verzeichnis template des Themes überall dort eingesetzt werden muss, wo im Gerüst-Template getChildHtml('header') steht.

```
<block type="page/html_header" name="header" as="header">
```

Beim Erstellen des Gerüst-Templates für unser Theme haben wir die Bezeichnungen content, right und left bei den Verweisen auf die Inhaltsblöcke beibehalten. Diese Werte können wir mit dem Attribut as zwar ändern, aber es ist sehr viel einfacher, in Übereinstimmung mit anderen Magento-Themes zu bleiben, da ansonsten eine Menge Änderungen an den Layoutdateien anfallen.

Ein Layout entfernen

Mit einem Layout können wir einer bestimmten Seite nicht nur Informationen hinzufügen. Es ist auch möglich, Verweise auf Blöcke und andere Elemente zu entfernen, die in einem Layout nicht benötigt werden.

Betrachten wir als Beispiel das folgende Layout aus der Datei catalogsearch.xml im Verzeichnis app/design/frontend/default/cheese2/layout, das auf das Gerüst-Template 1column.pthml verweist:

```
<catalogsearch_term_popular>
    <remove name="right"/>
    <remove name="left"/>
    <reference name="root">
       <action method="setTemplate">
          <template>page/1column.phtml</template>
    </action>
    </reference>
    <reference name="content">
    <block type="catalogsearch/term" name="seo.searchterm"
       template="catalogsearch/term.phtml"/>
    </reference>
</catalogsearch_term_popular>
```

Hier können wir die `<remove>`-Elemente aus dem XML-Code entfernen, sodass auf der Seite mit der Liste der am häufigsten eingegebenen Suchbegriffe die Spalten `right` und `left` angezeigt werden. Das endgültige Layout für diesen Block sieht folgendermaßen aus:

```xml
<catalogsearch_term_popular>
   <reference name="content">
      <block type="catalogsearch/term" name="seo.searchterm"
         template="catalogsearch/term.phtml"/>
   </reference>
</catalogsearch_term_popular>
```

> **TIPP**
>
> **Sie sehen keine Änderungen?**
>
> Wenn die Änderungen an den Layoutdateien keine Auswirkungen zu haben scheinen, stellen Sie sicher, dass alle XML-Elemente entweder selbst schließend sind oder mit einem passenden schließenden Tag versehen sind. Achten Sie auch darauf, dass der Cache des Shops deaktiviert ist.

7.2 Zusammenfassung

Die Templates und Layouts für unser neues Standard-Theme sind jetzt fertig. In diesem Kapitel haben wir folgende Aufgaben erledigt:

- Die Templates des Themes bearbeiten
- Die restlichen Bilder und CSS-Regeln für den Skin des Themes hinzufügen
- Layoutdateien bearbeiten, um das Theme an den gewünschten Stellen zu ändern

Damit sind wir der Vervollständigung unseres Magento-Themes einen großen Schritt näher gekommen. Das Theme ist jetzt als Onlineshop voll funktionsfähig.

Es gibt aber immer noch einige Dinge, die wir ändern möchten, um das neue Theme des Shops zu verbessern. Sie sollten jetzt genügend Kenntnisse haben, um zu wissen, was Sie ändern können und wie Sie das tun müssen. Als Nächstes verbessern wir unseren Magento-Shop dadurch, dass wir Zugriff auf Social Media sowie ein praktisches Druckformat hinzufügen.

8. Social Media in Magento

Die Theme-Gestaltung in Magento beschränkt sich nicht darauf, das Erscheinungsbild zu ändern. Wir können auch die Nutzung von Social Media ermöglichen:

» Twitter in den Magento-Shop integrieren

» Den Kundendienst des Shops verbessern

» Social-Bookmark-Tools wie AddThis verwenden, damit unsere Kunden unseren Shop im Internet bekanntmachen können

Da es so viele E-Commerce-Shops im Internet gibt, kann die Verwendung von Social Media für das Wohlergehen Ihres Shops von entscheidender Bedeutung sein. Damit können Sie Ihren Kundenstamm erweitern und etwas für die Kundenbindung tun.

8.1 Twitter in Magento integrieren

Twitter (http://twitter.com) ist ein Dienst für Miniaturblogs, in dem die Benutzer Kurznachrichten an ihre Anhänger („Follower") senden und dabei die Frage beantworten: „Was machst du jetzt gerade?"

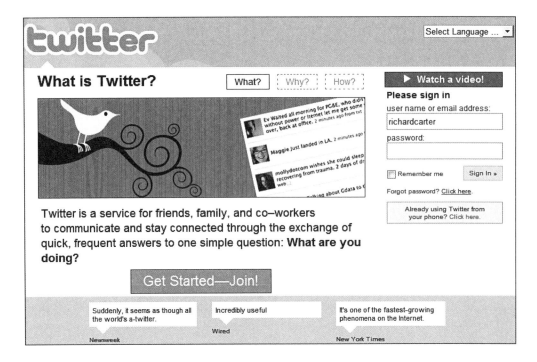

Nachdem Sie sich für ein Twitter-Konto registriert haben, können Sie als *Follower* die Nachrichten anderer Twitter-Benutzer lesen. Sobald diese Personen eine Aktualisierung ihres Status vornehmen, können Sie in Ihrer sogenannten *Timeline* sehen, was die Betreffenden zu sagen haben.

KAPITEL 8   Social Media in Magento

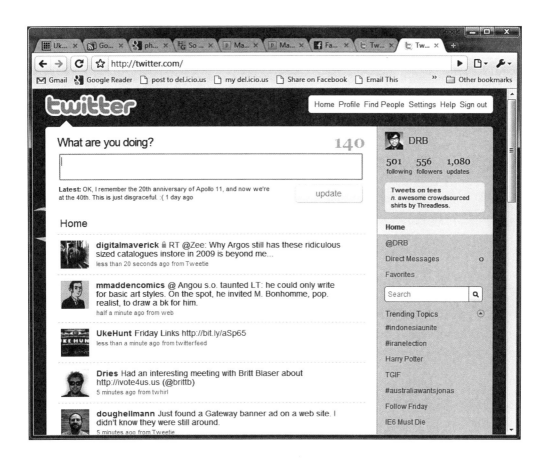

TIPP

Wenn Sie ein Twitter-Konto einrichten, registrieren Sie sich am besten unter dem Namen Ihres Shops, also z. B. unter Cheesy Cheese Store statt unter Richard Carter, da Ihre Kunden eher nach dem Namen Ihres Shops als nach Ihrem persönlichen Namen suchen.

8.1.1 Viel Gezwitscher um Ihren Shop

Wenn Sie sich ansehen, was andere Unternehmen in Twitter machen, können Sie verschiedene Möglichkeiten erkennen, Ihren Shop zu fördern, ohne Follower dadurch zu verlieren, dass Sie zu marktschreierisch werden.

- » Manche Firmen geben Gutscheincodes an ihre Twitter-Follower aus – eine gute Möglichkeit, um neue Kunden zu gewinnen.
- » Andere nutzen Twitter für Preisausschreiben um kostenlose Produkte – eine gute Möglichkeit, die bereits vorhandenen Kunden zu belohnen.
- » Sie können Ihren Twitter-Followern auch vorab Produkte anbieten, bevor Sie sie für andere Kunden verfügbar machen.

8.1.2 Twitter-Updates im Magento-Shop anzeigen

Twitter kann schon für sich allein ein wertvolles Werkzeug für Ihren Shop sein, aber wenn Sie Twitter in Ihrem Shop selbst einbinden, können Sie damit Ihre Kunden auf Ihr Twitter-Konto aufmerksam machen und damit an Ihr Unternehmen binden.

Es gibt mehrere Möglichkeiten, um Twitter in Magento zu benutzen, aber am vielseitigsten ist das Twitter-Modul LazzyMonks.

8.1.3 Das Twitter-Modul LazzyMonks installieren

Um das Modul LazzyMonks zu installieren, suchen Sie die betreffende Seite auf der Website Magento Commerce auf (http://www.magentocommerce.com/extension/482/lazzymonks-twitter) und rufen Sie den Erweiterungsschlüssel ab (nachdem Sie den Lizenzbedingungen zugestimmt haben). Melden Sie sich an der Verwaltungskonsole Ihres Magento-Shops an und klicken Sie auf der Registerkarte SYSTEM unter der Option MAGENTO CONNECT auf MAGENTO CONNECT MANAGER.

KAPITEL 8   Social Media in Magento

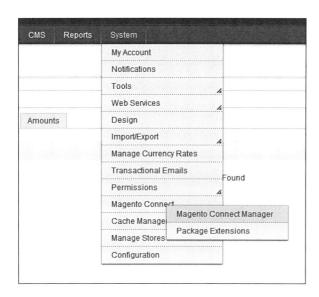

Wenn der Manager geladen ist, kopieren Sie den Erweiterungsschlüssel in das Textfeld neben PASTE EXTENSION KEY TO INSTALL, das Sie im folgenden Screenshot sehen:

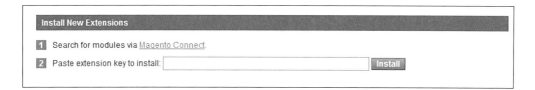

Dadurch wird das Modul installiert. Wenn Sie zur Verwaltungskonsole zurückkehren, sehen Sie in der Navigationsleiste das neue Menü TWITTER. Mit der Option VIEW TWEETS können Sie Updates Ihres Twitter-Kontos anzeigen, während Sie mit POST UPDATE in der Lage sind, Twitter über die Verwaltungskonsole Ihres Shops zu aktualisieren.

KAPITEL 8 — Social Media in Magento

Als Erstes müssen Sie die Einstellungen des Moduls festlegen. Sie finden Sie in der Verwaltungskonsole auf der Registerkarte SYSTEM im Abschnitt CONFIGURATION unter TWITTER.

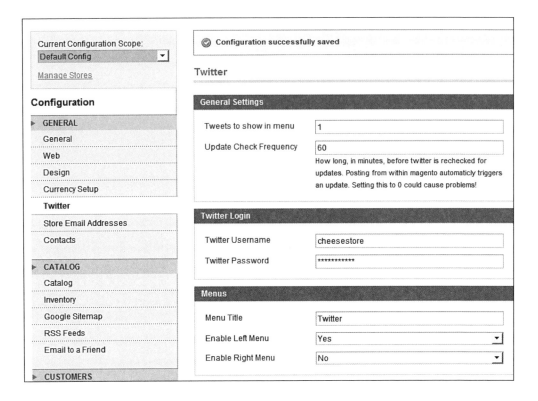

Wichtig sind vor allem die Einstellungen unter TWITTER LOGIN. Hier müssen Sie den Benutzernamen und das Kennwort Ihres Twitter-Kontos eingeben.

Nachdem Sie die Einstellungen gespeichert haben, können Sie über die Verwaltungskonsole von Magento ein Statusupdate an Ihr Twitter-Konto senden:

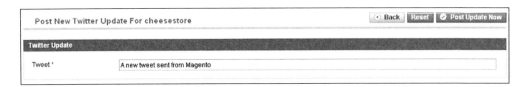

Er erscheint dann in Ihrem Twitter-Konto:

Ihre Twitter-Nachrichten werden auch als Block unter dem Inhalt in Ihrem Shop angezeigt. Sie können sie in Ihrem Theme mit CSS gestalten, indem Sie auf `div.twitter` verweisen.

8.1.4 Andere Möglichkeiten zur Integration von Twitter in Magento

Eine andere Möglichkeit, einen Twitter-Feed in Magento aufzunehmen, besteht darin, Twitter-Widgets in Ihre Website einzubetten. Dazu melden Sie sich an Ihrem Twitter-Konto an und wechseln zu `http://twitter.com/widgets`. Sie können den HTML-Code in den Magento-Templates verwenden, um Ihre Twitter-Updates in den Shop einzufügen.

Den Twitter-Feed über das Magento-CMS hinzufügen

Alternativ können Sie die Updates Ihres Twitter-Kontos in eine Seite einfügen, die vom Magento-CMS verwaltet wird. Wählen Sie in der Verwaltungskonsole CMS > MANAGE PAGES und wählen Sie die Seite aus, in der der Twitter-Stream erscheinen soll. Kopieren Sie einfach den Code auf die Seite, den Twitter ausgibt, wenn Sie den Typ von Twitter-Badge auswählen, den Sie in Ihrem Store anzeigen möchten.

> **TIPP** Für Twitter-Updates sollten Sie einen eigenen Block erstellen, so dass Sie ihn von den Seiten entfernen können, auf denen er eher störend wirkt (z. B. auf der Kassenseite).

8.2 Get Satisfaction in Magento integrieren

Get Satisfaction (http://getsatisfaction.com) ist ein „inoffizieller" Dienst für die Kommunikation mit Kunden. Es gibt noch andere Dienste ähnlicher Art, z. B. eKomi (http://www.ekomi.co.uk), die Sie auf ähnliche Weise in Magento integrieren können.

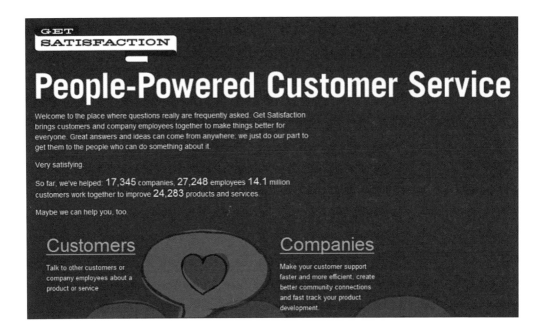

Zurzeit gibt es noch keine entsprechenden Module für Magento, doch Sie können sich für ein Get-Satisfaction-Konto registrieren und in den Fußbereich Ihres Shops einen Link für Kundenrückmeldungen aufnehmen. Sie können auch ein kostenloses Konto eröffnen, allerdings ist dabei die Anzahl der Besuche pro Monat beschränkt.

> **TIPP** Wenn Sie Probleme offen anzeigen, Lösungen anbieten und Fragen beantworten, können Sie den Ruf Ihres Shops aktiv verbessern. Akzeptieren Sie auch Fragen, die Ihnen dumm oder sinnlos vorkommen (auch solche Anmerkungen können Ihnen dabei helfen, das Design Ihres Shops in Zukunft zu verbessern), und bleiben Sie höflich und freundlich.

Um den Link hinzuzufügen, melden Sie sich auf Get Satisfaction für ein Unternehmenskonto an. Öffnen Sie die Verwaltungskonsole des Shops und wählen Sie unter CMS die Option STATIC BLOCKS:

Jetzt können Sie den Block `footer_links` aus der Liste auswählen:

Title	Identifier	Status
Footer Links	footer_links	Disabled

Die Adresse des Get-Satisfaction-Kontos von Cheesy Cheese Store lautet http://www.getsatisfaction.com/cheesycheesestore. Wir müssen im Footer einen Link einbauen, der dorthin führt.

Standardmäßig ähnelt der Inhalt des Blocks `footer_links` dem folgenden Code:

```
<ul>
    <li><a href="{{store url=""}}about">About Us</a></li>
    <li class="last"><a href="{{store url=""}}
        customer-service">Customer Service</a></li>
</ul>
```

Wir ändern den bestehenden Link `Customer Service` in `Customer feedback` und verknüpfen ihn mit dem Get Satisfaction-Konto unseres Shops.

```
<ul>
    <li>
        <a href="{{store url=""}}about-magento-demo-store">About Us</a>
    </li>
    <li class="last">
        <a href="http://www.getsatisfaction.com/cheesycheesestore"
            title="Customer feedback">Customer feedback</a>
    </li>
</ul>
```

Nachdem Sie die Änderungen gespeichert haben, erscheint der neue Link im Fußbereich Ihres Shops.

8.3 Social Bookmarks in Magento integrieren

Social-Bookmarking-Dienste ermöglichen es ihren Benutzern, Links zu ihren Lieblings-Websites online zu speichern und zu ordnen. Wenn Sie diese Möglichkeit in Ihrem Magento-Store anbieten, können Ihre Kunden auch außerhalb Ihres Shops mit Ihrem Unternehmen in Kontakt bleiben, so dass sie auch anderen Orts an Ihre Produkte denken.

8.3.1 Social-Bookmarking-Dienste

Es gibt eine Menge Dienste dieser Art im Web, aber einige davon sind beliebter als andere. Die folgende Liste zeigt eine Auswahl:

» Digg (http://digg.com)

» Delicious (http://delicious.com)

» Mister Wong (http://www.mister-wong.com), besonders beliebt in Deutschland

» Facebook (http://www.facebook.com)

Wenn Sie jeden verfügbaren Dienst auflisten würden, sähen die Webseiten Ihres Shops in Kürze ziemlich überladen aus. Zum Glück gibt es Dienste, die Ihre Besucher auswählen lassen, bei welchem Social-Bookmarking-Dienst sie ihren Link hinterlegen möchten. Dazu gehören unter anderem:

» AddThis

» Socializer

Dadurch wird die Integration von Social-Bookmarking-Diensten vereinfacht, da wenigstens die am häufigsten genutzten Dienste unter einem einzigen zusammengefasst werden.

Socializer

Der Dienst Socializer von Ekstreme (http://ekstreme.com/socializer) ermöglicht es den Benutzern, Lesezeichen in einer großen Anzahl von Bookmarking-

Diensten zu erstellen. Einen Link zu Socializer anzulegen, ist einfach. Sie übergeben die Adresse (URL) und den Titel der Seite, für die ein Lesezeichen erstellt werden soll. Ein solcher Link zu Socializer sieht folgendermaßen aus:

```
<a
   href= 'http://ekstreme.com/socializer/?
      url=http://www.ihr_shop.com&title=Titel+Ihres+Shops'
      title='Bookmark this page'>Bookmark this page>
</a>
```

Ihre Besucher sehen eine ähnliche Seite wie in dem folgenden Screenshot. Hier haben sie die Möglichkeit, das Lesezeichen für Ihre Seite bei verschiedenen Bookmarking-Diensten zu hinterlegen.

AddThis

AddThis (http://www.addthis.com) ist der führende Bookmarking- und Sharing-Dienst. Dort können Besucher ein Lesezeichen zu Ihrem Magento-Shop in über 50 verschiedenen Bookmarking-Diensten hinterlegen.

KAPITEL 8 Social Media in Magento

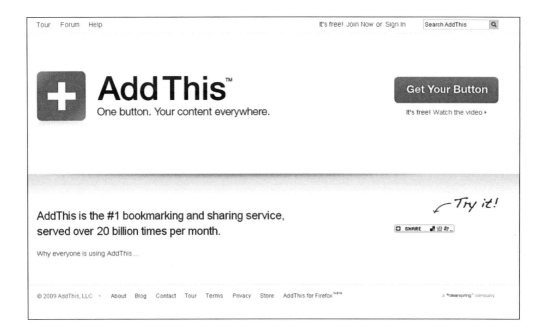

AddThis ermöglicht es den Benutzern nicht nur, die Seite in ihrem bevorzugten Bookmarking-Dienst zu speichern. Es gibt auch Optionen, die Seite auszudrucken und per E-Mail an Freunde zu senden.

Sie können AddThis ohne Registrierung verwenden, aber wenn Sie sich registrieren, können Sie nachverfolgen, welche Seiten auf welche Weise weiterverbreitet werden.

8.3.2 AddThis in Magento verwenden

Da AddThis Ihren Benutzern die meisten Möglichkeiten bietet, verwenden wir diesen Dienst im neuen Theme von Cheesy Cheese Store. Als Erstes müssen Sie entscheiden, welche Schaltfläche Sie anzeigen lassen möchten. Treffen Sie Ihre Auswahl auf http://www.addthis.com/web-button-select. Für Cheesy Cheese Store verwenden wir die bereits gezeigte Möglichkeit. Der Code, den AddThis ausgibt, sieht wie folgt aus:

```html
<!-- AddThis Button BEGIN -->
   <script type="text/javascript">
      var addthis_pub="4a0c2aff012daef5";
   </script>
   <a href="http://www.addthis.com/bookmark.php?v=20"
         onmouseover="return addthis_open(this, '', '[URL]',
         '[TITLE]')"onmouseout="addthis_close()" onclick="return
         addthis_sendto()">
      <img src="http://s7.addthis.com/static/btn/lg-bookmark-en.gif"
         width="125" height="16" alt="Bookmark and Share"
         style="border:0"/>
   </a>
   <script type="text/javascript"
      src="http://s7.addthis.com/js/200/addthis_widget.js"></script>
<!-- AddThis Button END -->
```

> **TIPP**
>
> Bei der Anmeldung auf AddThis erhalten Sie eine eigene Verleger-ID (Publisher Identity Number), die Sie anstelle der im vorstehenden Codeausschnitt gezeigten ID einsetzen.

Diesen Code fügen wir in die Template-Datei `addto.phtml` unseres Magento-Themes ein, die sich im Verzeichnis `app/design/frontend/default/cheese2/template/catalog/product/view` befindet.

```php
<?php $_product = $this->getProduct() ?>
<ul class="add-to-box">
<?php if ($this->helper('wishlist')->isAllow()) : ?>
   <li>
      <a href="<?php echo $this->helper
         ('wishlist')->getAddUrl($_product) ?>"><?php echo $this
         ->__('Add to Wishlist') ?></a>
   </li>
<?php endif; ?>
<?php if($_compareUrl=$this->helper('catalog/product_compare')
      ->getAddUrl($_product) ): ?>
   <li>
      <span class="pipe">|</span> <a href="<?php echo $_compareUrl
         ?>"><?php echo $this->__('Add to Compare') ?></a>
   </li>
<?php endif; ?>
</ul>
```

Unseren Link fügen wir unmittelbar über dem schließenden `</ul>`-Tag ein:

```
<!-- AddThis Button BEGIN -->
<li><script type="text/javascript">var addthis_
    pub="4a0c2aff012daef5";</script>
  <a href="http://www.addthis.com/bookmark.php?v=20" onmouseover="return
    addthis_open(this, '', '[URL]', '[TITLE]')" onmouseout="addthis_
    close()" onclick="return addthis_sendto()"><img src="http://
    s7.addthis.com/static/btn/lg-bookmark-en.gif" width="125" height="16"
    alt="Bookmark and Share" style="border:0"/></a></li>
<script type="text/javascript" src="http://s7.addthis.com/js/200/
    addthis_widget.js"></script>
<!-- AddThis Button END -->
```

Dadurch wird die AddThis-Schaltfläche neben den Links zum Vergleichen von Produkten und zum Einstellen eines Produkts im Warenkorb angezeigt. Wir können das letzte `<script>`-Element in dem vorstehenden Listing auch entfernen, wenn wir den Code über eine Magento-Layoutdatei in das `<head>`-Element der Kategorieseiten einfügen.

Um das Layout des Themes zu ändern, müssen wir die Datei `catalog.xml` im Verzeichnis `app/design/frontend/default/cheese2/layout` bearbeiten. Suchen Sie den folgenden Abschnitt (er befindet sich meistens beim Anfang):

```
<default>
   <reference name="top.menu">
      <block type="catalog/navigation" name="catalog.topnav"
         template="catalog/navigation/top.phtml"/>
   </reference>
```

Wir können der betreffenden Layoutdatei etwas XML-Code hinzufügen, damit Magento die für AddThis erforderlichen JavaScript-Dateien nur dann einfügt, wenn sie gebraucht werden.

```
<default>
   <reference name="top.menu">
      <block type="catalog/navigation" name="catalog.topnav"
         template="catalog/navigation/top.phtml"/>'
   </reference>
   <reference name="head">
      <action method="addJs">
         <script>http://s7.addthis.com/js/200/addthis_widget.js</script>
      </action>
   </reference>
```

In Ihrem Theme wird jetzt die AddThis-Schaltfläche angezeigt, so dass die Kunden Ihres Shops auch ihre Freunde und Verwandten über Ihre Produkte informieren können.

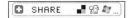

8.4 Zusammenfassung

Wir haben uns einige Möglichkeiten angesehen, Ihren Magento-Shop mithilfe von Social Media zu bewerben und zu verbessern:

» Social Bookmarks verwenden

» Twitter verwenden, einen Dienst für Miniatur-Blogs

» Dienste für die Kommunikation mit Kunden in Magento integrieren, z. B. Get Satisfaction

Es gibt noch weitere Möglichkeiten, unser Magento-Theme zu verbessern, beispielsweise indem wir ein Stylesheet für den Druck entwerfen. Was sich für Ihren Shop eignet und was nicht, finden Sie am besten dadurch heraus, dass Sie es ausprobieren.

9. Druckformate in Magento

Ihr Magento-Theme sieht jetzt gut aus, wenn man es auf dem Computermonitor betrachtet. Aber was ist mit den Kunden, die Seiten Ihres Shops ausdrucken? In diesem Kapitel sehen wir uns Folgendes an:

» Beispiele für Druck-Stylesheets in anderen Magento-Themes

» Was ein gutes Druck-Stylesheet für einen Magento-Shop ausmacht

» Druck-Stylesheets für Magento-Shops erstellen. Dazu gehört auch die Frage, was in den Layoutdateien stehen muss.

9.1 Druck-Stylesheets anzeigen

Um das Druck-Stylesheet einer Website anzuzeigen, wählen Sie bei den meisten Browsern die Option DRUCKVORSCHAU im Menü DATEI (bzw. ABLAGE auf dem Macintosh).

In der Entwickler-Symbolleiste für Firefox (https://addons.mozilla.org/de/firefox/addon/60) können Sie das anzuwendende Stylesheet nach dem Medientyp auswählen. Wählen Sie nach der Installation des Add-Ons einfach die Option PRINT.

> **HINWEIS**
> Beachten Sie, dass das Druck-Stylesheet dabei manchmal nicht wie beabsichtigt angezeigt wird. Beispielsweise wird die angegebene Schriftfamilie (font-family) des Druck-Stylesheets zuweilen ignoriert.

9.2 Druck-Stylesheets in anderen Magento-Themes

Ein guter Ausgangspunkt ist es, sich die Druck-Stylesheets anderer Magento-Themes anzusehen.

9.2.1 Das Druckformat für das Standard-Theme

Das Standard-Theme von Magento, das Sie unter http://demo.magentocommerce.com finden, ist das Erste, was Sie sehen, nachdem Sie Magento installiert haben.

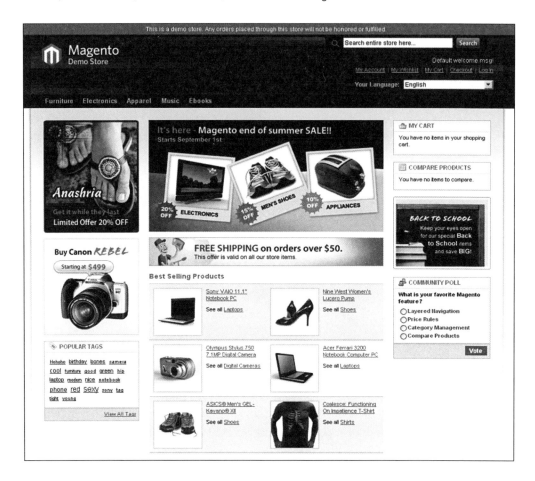

Auf dem Computerbildschirm sieht der Shop attraktiv aus, aber aufgrund der folgenden Probleme ist diese Ansicht für den Druck nicht geeignet:

» Es gibt große Bereiche in dunklen Farben, z. B. der Header, für die auf dem Drucker des Kunden zu viel Tinte oder Toner verbraucht wird.

» Das dreispaltige Layout ist für den Druck ungeeignet.

» Es gibt viele Elemente, die auf einem Ausdruck nicht benötigt werden, z. B. ein Bereich mit häufig verwendeten Tags (POPULAR TAGS), eine Umfrage (COMMUNITY POLL) und der Warenkorb.

Das Druck-Stylesheet des Standard-Themes gestaltet den Seiteninhalt wie folgt:

KAPITEL 9 Druckformate in Magento

Allerdings ist die Gestaltung aus den folgenden Gründen immer noch nicht ideal für den Ausdruck:

» Im Footer gibt es unnötigen Inhalt wie den Link zum Melden von Bugs (REPORT ALL BUGS).

» Das Hauptaugenmerk sollte auf den Produkten liegen, weshalb sie auf der ersten Seite ausgedruckt werden sollten.

» Das Logo des Shops ist nicht für einen weißen Hintergrund gestaltet. Daher sieht es hässlich aus, wenn ein Kunde eine Seite des Shops ausdruckt, was keinen guten Eindruck macht.

Die Gestaltung für den Druck ist auf den einzelnen Produktseiten jedoch wirkungsvoller.

Wie Sie sehen, liegt das Hauptaugenmerk jetzt auf dem Foto und den Angaben zum Produkt. Es gibt zwar immer noch überflüssige Informationen wie die Produkt-Tags am unteren Seitenrand, aber diese Ansicht des Shops ist weitaus druckergeeigneter.

Im Druck-Stylesheet des Magento-Themes Modern gibt es ähnliche Probleme, aber bei einem selbst gestalteten Theme können Sie dafür sorgen, dass die Gestaltung für den Ausdruck einen besseren Eindruck auf die Kunden macht.

9.3 Gutes Design für Druck-Stylesheets

Wie wir gesehen haben, bewegen sich die Druck-Stylesheets bestehender Magento-Themes häufig nicht auf demselben Niveau wie die Formate für den Computermonitor und andere Medien. Bevor wir damit beginnen, ein Druck-Stylesheet für unser Theme zu entwickeln, müssen wir uns überlegen, was gute Druck-Stylesheets ausmacht und welchen Einschränkungen sie unterliegen.

9.3.1 Einschränkungen des Druck-Stylesheets

Viele Optionen, die Sie im Druck-Stylesheet festlegen können, z. B. ob Bilder auf der Seite mit ausgedruckt werden sollen oder nicht, können überschrieben werden. Das bedeutet, dass Sie auch beim besten Willen niemals ein ideales Druck-Stylesheet für jeden Browser und jeden Kunden erstellen können.

Wir müssen nur festlegen, welche Informationen auf ausgedruckten Seiten erscheinen sollen und welche nicht.

Druckvorschau

Es gibt keine sichere Methode, um die Druckvorschau im Browser auszuschalten, und das ist auch richtig so, denn die Wahl sollte dem Besucher der Website überlassen bleiben.

Gecko-Browser

Eine schon ausführlich beschriebene Macke tritt bei einigen Gecko-Browsern bei der Anzeige von Druck-Stylesheets auf. Wenn ein langer `div`-Bereich in CSS mit `float` als schwimmendes Element definiert wird, neigen diese Browser dazu, nur die erste Seite des `div`-Elements auszudrucken und den Rest zu ignorieren.

Dies können wir auf einfache Weise ausgleichen, indem wir zu den entsprechenden `div`-Tags im Druck-Stylesheet unseres Shops `float: none` hinzufügen.

9.3.2 Was im Ausdruck erscheinen sollte

Der Hauptinhalt der Seite muss im Ausdruck enthalten sein. Bei den meisten Seiten unseres Magento-Shops sind dies Informationen wie der Preis und die Beschreibung eines Produkts sowie Fotos davon.

Logos und Shop-Namen

Nehmen Sie auch das Logo und den Namen Ihres Shops in den Ausdruck auf. Wenn der Kunde die ausgedruckte Seite verbummelt und erst nach Wochen oder Monaten wiederfindet, kann er dadurch einfacher erkennen, um was für eine Seite es sich handelt.

Werbegrafiken und Callouts

Es ist durchaus in Ordnung, Werbegrafiken und Callouts auszudrucken, solange sie den Hauptinhalt der Seite nicht stören. Im Allgemeinen bedeutet dies, dass es besser ist, die Callout-Grafiken unter oder eventuell neben den Produktangaben auszugeben.

Denken Sie daran, dass manche Kunden nur eine einzige Seite ausdrucken, so dass sie die Werbegrafik im Ausdruck gar nicht sehen. Wie bereits erwähnt, können die Benutzer auch den Ausdruck von Bildern deaktiviert haben.

Links

Ein Hauptproblem beim Ausdruck von Webseiten besteht darin, dass die Links auf der Seite keinen Nutzwert mehr haben, da ihr Ziel standardmäßig nicht gezeigt wird. Wie wir noch sehen werden, können wir aber mit CSS jedem Link auf der ausgedruckten Seite den URL anhängen.

9.3.3 Was wir vom Ausdruck ausschließen können

In den Beispielen der Druck-Stylesheets, die wir uns zu Anfang des Kapitels angesehen haben, konnten wir schon erkennen, dass es eine Menge an Informationen gibt, die wir verbergen können, damit der Kunde nicht so viel ausdrucken muss. Dazu gehören u. a. folgende Elemente:

» Navigation und Links zu Zielen außerhalb der Seite. Es ist wenig sinnvoll, die Navigations- und Footerlinks auszudrucken, da der Benutzer im Ausdruck nicht darauf klicken kann.

» Suchfelder. Auch hier ist der Ausdruck unsinnig, da sich die ausgedruckte Seite damit nicht durchsuchen lässt.

» Auch auf häufig verwendete Produkttags kann der Benutzer nicht klicken. Sie sind im Ausdruck ebenso sinnlos.

» Warenkorb. Meistens ist es nicht nötig, ihn auszudrucken, aber die Entscheidung bleibt Ihnen überlassen.

Hintergrundbilder

Im Druck-Stylesheet können Sie Hintergrundbilder und unnötige Hintergrundfarben entfernen, um die Anzahl überflüssiger Informationen im Ausdruck zu verringern.

9.4 Das Theme für den Ausdruck formatieren

Im Allgemeinen werden Druck-Stylesheets fast genauso zugewiesen wie Stylesheets für die Anzeige am Bildschirm. Hier wie dort fügen Sie im Kopf des HTML-Dokuments ein link-Element ein:

```
<link rel="stylesheet" type="text/css" media="print" href="print.css"/>
```

Beachten Sie, dass das Attribut media auf print gesetzt ist, um dem Browser mitzuteilen, dass dieser Stil nur für den Ausdruck anzuwenden ist.

Nachdem wir uns jetzt im Allgemeinen mit Druck-Stylesheets beschäftigt haben, können wir damit beginnen, ein eigenes für unser neues Magento-Theme zu erstellen. Zurzeit sieht unser Theme für Cheesy Cheese Store wie folgt aus:

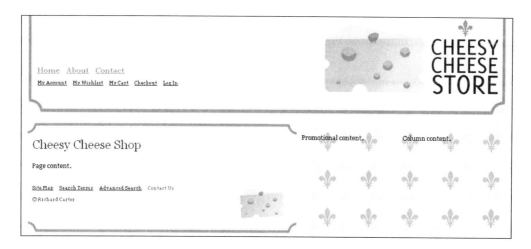

Wir möchten zwar das Logo des Shops anzeigen, aber ansonsten ist dieses Theme aus vielen der bisher besprochenen Gründe für den Ausdruck ungeeignet:

- » Der Hintergrund ist gemustert.
- » In der Navigation und an anderen Stellen gibt es viele Links, die nicht ausgedruckt werden müssen.
- » Die Werbegrafiken, der Warenkorb und andere Funktionen, die in den Spalten angezeigt werden, sind unnötig.

9.4.1 Druck-Stylesheets in Magento zuweisen

In Magento ist die Zuweisung eines Druck-Stylesheets ein wenig komplizierter: Wir müssen die Layoutdatei `page.xml` im Verzeichnis `app/design/frontend/default/cheese2/layout` bearbeiten, damit das Stylesheet auf die einzelnen Seiten angewandt wird. Suchen Sie im `default`-Handle die Zeile, die ähnlich wie die folgende aussieht:

```
<block type="page/html_head" name="head" as="head">
```

Hinter diesem Code in der Layoutdatei fügen wir einen Layoutbefehl ein, der Magento anweist, unser Druck-Stylesheet zu verwenden (falls dieser Befehl nicht bereits vorhanden ist):

```
<action method="addCss">
    <stylesheet>css/print.css</stylesheet>
    <params>media="print"</params>
</action>
```

Das Stylesheet wird mit der Methode `addCSS` importiert, wobei wir im Element `params` angeben müssen, dass es sich um ein Stylesheet für den Ausdruck handelt. Als Nächstes müssen wir eine CSS-Datei erstellen, die als Druck-Stylesheet dient. Wir speichern sie als `print.css` im Verzeichnis `skin/frontend/default/cheese2/css` der Magento-Installation.

9.5 CSS-Gestaltung für den Ausdruck

CSS können wir für die Formatierung des Ausdrucks fast genauso wirkungsvoll einsetzen wie für die Anzeige auf dem Bildschirm. Dabei müssen wir vor allem auf die Gestaltung von Bildern, Farben und Links achten.

9.5.1 Bilder

Es gibt drei Arten von Bildern, um die wir uns kümmern müssen:

» Das Logo des Shops

» Produktfotos

» Andere Bilder, z. B. über CSS festgelegte Hintergrundbilder

Da das Logo des Shops für einen weißen Hintergrund angepasst ist, können wir es in unserem Druck-Stylesheet verwenden, und auch die Produktfotos sind geeignet. Die anderen Bilder müssen wir in unserem Stylesheet ausblenden.

```
div.product-img-box img, #logo {
   display: block;
   float: none
}
```

9.5.2 Farben im Ausdruck

Die meisten Kunden möchten die Seite wahrscheinlich in Schwarzweiß ausdrucken. Um sicherzustellen, dass der Hintergrund der Seite weiß ist und dass keine Hintergrundbilder ausgegeben werden, können wir das body-Element sowie alle anderen Elemente, die wahrscheinlich Text enthalten, z. B. Überschriften und Absätze, mit den folgenden CSS-Attributen versehen:

```
body, ul, ol, dl, p, h1, h2, h3, h4, h5, h6 {
   background: #FFF !important;
   color: #000 !important;
}
a {
   color: #9C0;
   font-weight: bold;
   text-decoration: underline
}
```

Dadurch erhalten Links, die noch im Ausdruck enthalten sind, eine blaue Farbe für die Ausgabe auf einem Farbdrucker bzw. ein unterscheidbares Grau für Schwarzweißdrucker. Fettstellung und Unterstreichung machen ebenfalls deutlich, welche Teile des Inhalts Links sind. Wir können auch eine grundlegende Gestaltung für den Ausdruck von Tabellen angeben:

```
th, td {color: #000 !important}
td {border-color: #AAA !important}
```

9.5.3 Links im Ausdruck

Ein offensichtliches Problem beim Drucken der Seiten unseres Magento-Shops (und allgemein bei Webseiten) besteht darin, dass wahrscheinlich Hyperlinks zu anderen Seiten enthalten sind. Beim Drucken einer Seite können diese Links verloren gehen, aber mit ein wenig CSS-Code können wir hinter einem Link seine Zieladresse ausgeben:

```
#main a:link:after, #main a:visited:after {
    content: " [" attr(href) "] "
}
#main a[href^="/"]:after {
    content: " [http://www.example.com" attr(href) "] "
}
```

Dieser CSS-Code liest einfach das `href`-Attribut des Links aus und fügt es hinter dem Link in einem `div`-Element mit der ID `main` hinzu. Dazu wird das CSS-Pseudoelement `:after` verwendet. Der zweite CSS-Block nutzt den Attributselektor `^=` und gilt für Links, deren `href`-Attribut mit / beginnt.

> **HINWEIS** Manche ältere Browser wie IE 6 können das Pseudoelement `:after` und Attributselektoren nicht erkennen, so dass das Linkziel nicht hinter dem Linktext angezeigt wird. Das ist nicht gut, aber die vorstehende Lösung versorgt wenigstens einen Teil der Kunden mit der gewünschten Information, ohne den Vorgang übermäßig zu verkomplizieren.

9.5.4 Typografie im Ausdruck

Während es sich bewährt hat, in Stylesheets für die Anzeige auf dem Bildschirm Schriftgrößen in Prozent- oder `em`-Werten anzugeben, sind für den Ausdruck Angaben in Punkt (`pt`) sinnvoller, vor allem da Sie einfacher vorhersehen können, wie die Größe des Textes auf dem Papier aussehen wird. Im gleichen Schritt ändern wir auch die Schriftartfamilie in Serifenschriften, die sich auf Papier leichter lesen lassen.

```
body {
    font-family: "georgia", "times", "times new roman", serif;
    font-size: 12pt
}
```

Es ist auch sinnvoll, wie im folgenden Codeausschnitt die Überschriften größer zu machen als den restlichen Inhalt, um die optische Hierarchie der Seite beizubehalten:

```css
h1 {
   font-size: 24pt
}
h2 {
   font-size: 20pt
}
h3 {
   font-size: 18pt
}
h4, h5, h6 {
   font-size: 14pt;
   font-weight: bold;
   text-transform: uppercase
}
```

9.5.5 Layout im Ausdruck

Wenn Sie ein Druck-Stylesheet erstellen, ist es am besten, auf komplexe oder mehrspaltige Layouts zu verzichten, da Sie die Papierbreite für den Ausdruck nicht beliebig ändern können, um mehrere Spalten nebeneinander adäquat wiederzugeben. Dazu verwenden wir im Druck-Stylesheet folgenden CSS-Code:

```css
.header-top,
.middle-container
{
   display: block;
   float: none
}
```

Es gibt auch Bereiche, die wir vollständig ausblenden können, z. B. die Navigation, die Suchfunktion, den Warenkorb und den Footer.

```css
.mini-search,
.header-nav,
.footer,
.quick-access,
.mini-product-tags,
.col-right,
```

```
.add-to-box,
.breadcrumbs,
.add-or,
.add-to-cart-box {
   display: none
}
```

Dieser CSS-Code nimmt auch das Feld mit den häufig verwendeten Tags, die Kontolinks, die Breadcrumb-Navigation und den Inhalt in der rechten Spalte, also z. B. den Produktvergleich, aus dem Ausdruck heraus.

> **TIPP**
>
> **Breadcrumb-Navigation**
>
> Manchmal kann es sinnvoll sein, die Breadcrumb-Navigation im Ausdruck beizubehalten, damit die Besucher nachsehen können, wie Sie zu der betreffenden Seite in Ihrem Shop gelangen können.

Damit erhalten wir ein Stylesheet, das für den Ausdruck unseres Magento-Themes geeignet ist. Sie sehen es in der folgenden Abbildung:

9.6 Zusammenfassung

Das Druck-Stylesheet für Ihr Magento-Theme ist jetzt fertig. In diesem Kapitel haben wir uns Folgendes angesehen:

» Prinzipien der Gestaltung guter Druck-Stylesheets für einen E-Commerce-Shop

» Erstellung eines Druck-Stylesheets

» Zusammenhang zwischen Layoutdateien und Druck-Stylesheets in Magento

Zum Schluss sehen wir uns an, wie Sie Ihr Magento-Theme verpacken und für die Magento-Community bereitstellen.

10. Magento-Themes bereitstellen

Magento lässt sich fast uneingeschränkt anpassen, aber schließlich kommt der Zeitpunkt, an dem Sie sich glücklich schätzen, Ihr neues Theme in Ihrem eigenen Shop bereitzustellen oder vielleicht sogar in der Magento-Community zu veröffentlichen. In diesem Kapitel sehen wir uns Folgendes an:

» Möglichkeiten für browserübergreifende Tests Ihres neuen Themes

» Bereitstellung des Themes im eigenen Magento-Shop

» Verpacken des Themes als Erweiterung für andere Benutzer

10.1 Browserübergreifende Tests

Bevor Sie Ihren Skin bereitstellen, müssen Sie sich unbedingt darüber klar werden, wie er in den verschiedenen Browsern und auf unterschiedlichen Betriebssystemen wie Windows und Mac angezeigt wird.

Das Theme in jedem Browser und auf jeder Plattform zu testen, mag eine zu aufwändige Aufgabe sein, da es Hunderte von möglichen Kombinationen gibt. Es lohnt sich daher, sich zu überlegen, welche Browser Ihre Benutzer mit größter Wahrscheinlichkeit verwenden werden. Wenn Sie in Ihrem Shop z. B. Software für Mac-Benutzer verkaufen, ist es wahrscheinlich, dass Ihre Kunden Safari verwenden und nicht Internet Explorer.

10.1.1 Die Verbreitung der einzelnen Browser

Es gibt eine große Zahl von Browsern, aber einige werden häufiger verwendet als andere.

HitsLink (http://marketshare.hitslink.com) hat festgestellt, dass 70 % der Browserbenutzer Microsoft Internet Explorer verwenden, während Firefox ungefähr 20 % des Browsermarkts einnimmt. Safari ist mit einem Anteil von 6 % vertreten, während sich Opera, Chrome und Netscape jeweils mit etwa 1 % begnügen.

> **TIPP**
>
> In der englischsprachigen Wikipedia finden Sie Vergleichstabellen der verschiedenen Browser unter http://en.wikipedia.org/wiki/Comparion_of_web_browsers. Auf Deutsch gibt es eine weniger ausführliche Übersicht unter http://de.wikipedia.org/wiki/Webbrowser.

10.1.2 Browsertestdienste

Anstatt Ihr Theme nur in einer ausgewählten Anzahl von Browsern zu testen, können Sie auch einen Onlinezugriffsdienst oder Werkzeuge für Browserkompatibilitätstests nutzen, in denen Sie das Design Ihres Shops so sehen können, wie es in verschiedenen Kombinationen von Betriebssystemen und Browserversionen angezeigt wird.

> **HINWEIS**
>
> Browsertestdienste prüfen nur das Aussehen des Themes in einem bestimmten Browser, nicht aber die Funktionsfähigkeit des Shops. Möglicherweise kann es also Probleme in älteren Versionen von Internet Explorer oder mit Verbindungen einiger Internetprovider geben. Solche Tests sind also niemals allumfassend.

BROWSERCAM

BROWSERCAM (http://www.browsercam.com) ist ein beliebter Browsertestdienst.

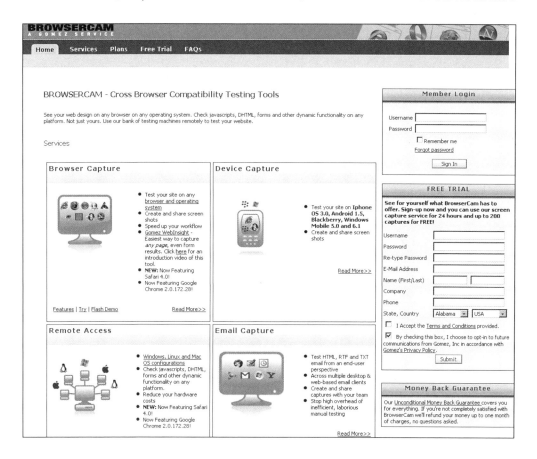

Für die Nutzung dieses Dienstes ist zwar eine monatliche Gebühr fällig, Sie können aber auch einen kostenlosen Demozugriff für 24 Stunden bekommen. BROWSERCAM zeigt Ihnen nicht nur, wie Ihre Website auf Desktopbrowsern wie Internet Explorer, Firefox, Opera und Safari aussieht, sondern zeigt auch das Erscheinungsbild auf Handheld-Geräten.

BrowserShots

Der Funktionsumfang von BrowserShots (http://www.browsershots.org) ist geringer als der von BROWSERCAM, dafür ist dieser Dienst aber gebührenfrei.

BrowserShots hat zwar weniger Funktionen als BROWSERCAM, bietet aber eine sehr große Auswahl an Browsern und Betriebssystemen, wie die folgende Abbildung zeigt:

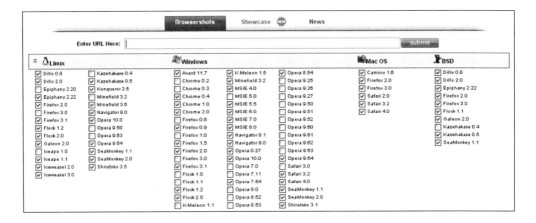

10.2 Das Magento-Theme im eigenen Shop bereitstellen

Ihr Magento-Theme sollte sich jetzt bereits fertig in Ihrem Shop befinden. Bevor wir es aber starten können, müssen wir noch einige wenige Aufgaben erledigen:

» Das Theme festlegen

» Template-Pfadhinweise ausschalten

» Den Systemcache einschalten

10.2.1 Das Theme festlegen

Das Theme sollte bereits zur Anzeige im Magento-Shop festgelegt sein. Wenn nicht, wechseln Sie in der Verwaltungskonsole des Shops unter SYSTEM zur Option CONFIGURATION, wie der folgende Screenshot zeigt:

Hier wählen Sie in der Drop-down-Liste CURRENT CONFIGURATION SCOPE wie im folgenden Screenshot den Wert MAIN WEBSITE aus.

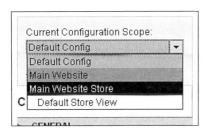

Wählen Sie links auf dem Bildschirm die Registerkarte DESIGN aus und geben Sie im Bereich THEMES den Namen Ihres neuen Magento-Themes an.

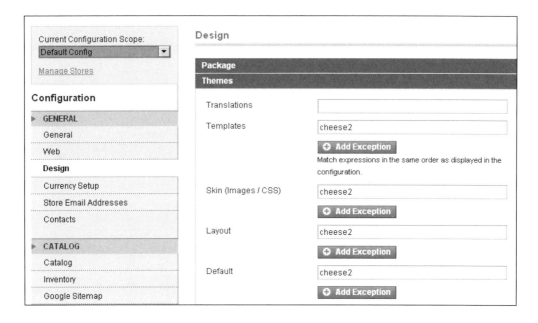

Nachdem Sie die Einstellungen gespeichert haben, wird das neue Magento-Theme in Ihrem Shop angezeigt.

10.2.2 Template-Pfadhinweise ausschalten

Wenn Sie bei der Gestaltung des Magento-Themes die Template-Pfadhinweise eingeschaltet haben, müssen Sie sie vor dem Start des Shops wieder ausschalten. Dies erledigen Sie in der Verwaltungskonsole unter SYSTEM im Bereich CONFIGURATION. Wechseln Sie dort unter ADVANCED zur Registerkarte DEVELOPER.

KAPITEL 10   Magento-Themes bereitstellen

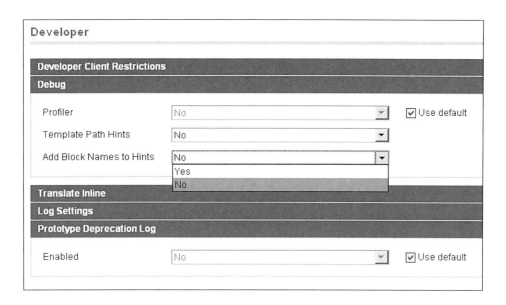

> **TIPP** Unter Current Configuration Scope muss Main Website ausgewählt sein, da die erwähnten Optionen ansonsten nicht angezeigt werden.

10.2.3 Den Systemcache einschalten

Als Letztes schalten wir den Systemcache ein, um die Last auf dem Server zu verringern, auf dem der Magento-Shop betrieben wird. Wählen Sie in der Verwaltungskonsole unter SYSTEM die Option CACHE MANAGEMENT.

KAPITEL 10 Magento-Themes bereitstellen

Nachdem das Dashboard CACHE MANAGEMENT geladen ist, wählen Sie in der Dropdown-Liste ALL CACHE die Option ENABLE aus und klicken auf die Schaltfläche SAVE CACHE SETTINGS.

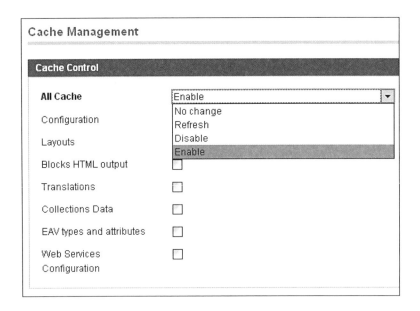

10.3 Das Magento-Theme verpacken

Wenn Sie Ihr Theme auch für andere Mitglieder der Magento-Community verfügbar machen möchten, müssen Sie es verpacken und dann über Magento Connect bereitstellen.

10.3.1 Arten von Magento-Beiträgen

Es gibt drei Arten von Erweiterungen, die Sie zu Magento beitragen können, wobei sich (die meisten) Magento-Themes nur für zwei davon eignen:

» Magento Commercial Extensions

» Magento Community Extensions

Der dritte Typ von Erweiterungen, die Magento Core Extensions, wird vom Magento Core-Team erstellt und unter einer *Open-Software-Lizenz* (*OPL*) vertrieben.

Kommerzielle Magento-Erweiterungen

Bei Magento Commercial Extensions können kommerzielle Untenehmen Themes für Magento unter einer Lizenz ihrer Wahl veröffentlichen. Beachten Sie, dass bei solchen kommerziellen Erweiterungen gewöhnlich stärker festgelegt ist, was Sie damit machen dürfen und was nicht, als bei Community-Erweiterungen.

Community-Erweiterungen

Wenn Sie Ihr Theme als Magento Community Extension veröffentlichen, können andere Mitglieder der Community es nach Belieben verwenden. Themes dieser Kategorie können mit jeder Art von Open-Source-Lizenz versehen werden.

Da wir unser Theme für die Community veröffentlichen, wählen wir die Möglichkeit der Magento Community Extension.

10.3.2 Was gehört in das Paket für ein Magento-Theme?

Es gibt einige Bestandteile, die ein verpacktes Magento-Theme unbedingt umfassen muss:

» Die Skindateien wie Bilder, JavaScript-Dateien für das Theme und zugehörige CSS-Dateien aus dem Verzeichnis `skin/frontend/default/cheese2`

» Die PHTML-Template-Dateien des Themes aus dem Verzeichnis `app/design/frontend/default/cheese2/template`

» Die Layoutdateien des Themes (XML) aus dem Verzeichnis `app/design/frontend/default/cheese2/layout`

Gegebenenfalls müssen Sie auch die Dateien für die Sprachversion (Locale) des Themes in das Paket aufnehmen.

10.3.3 Das Paket erstellen

Das Paket erstellen Sie in der Verwaltungskonsole des Shops. Unter SYSTEM > MAGENTO CONNECT finden Sie dort die Option PACKAGE EXTENSION, wie der folgende Screenshot zeigt:

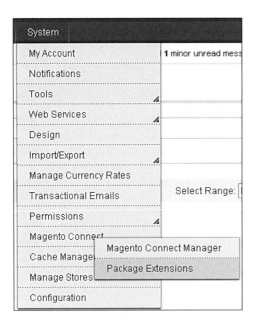

Paketinformationen

Als Nächstes werden Felder angezeigt, in denen Sie eine neue Erweiterung erstellen und für das Paket – Ihr Theme – einen Namen, eine Übersicht und eine Beschreibung angeben können.

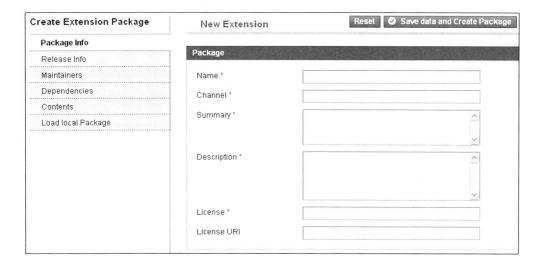

Um mit dem Verpacken der Erweiterung zu beginnen, füllen wir die erforderlichen Felder auf der Registerkarte PACKAGE INFO wie im folgenden Screenshot aus:

> **TIPP**
>
> Verwenden Sie im Namen der Erweiterung lieber keine Leerzeichen, sondern stattdessen Unterstriche.

Der Kanal (CHANNEL) für unser Paket ist die Magento-Community, da wir dort unser Theme veröffentlichen wollen. Wenn Sie das Theme für die kommerzielle Verwendung freigeben möchten, müssen Sie unter CHANNEL den Wert `connect.magento-commerce.com/commercial` angeben.

Übersicht (SUMMARY) und Beschreibung (DESCRIPTION) der Erweiterung sollten kurz erklären, um was es sich bei dem Theme handelt und wofür es geeignet ist.

Im Feld LICENCE geben Sie an, unter was für einer Lizenz das Theme verfügbar sein wird. Unter anderem stehen folgende Möglichkeiten zur Auswahl:

» Open-Source-Lizenz – `http://www.opensource.org/licence/`

» Creative-Commons-Lizenz – `http://creativecommons.org`

Da Magento selbst unter der OSL lizenziert ist, kann auch das Theme `cheese2` mit dieser Lizenz veröffentlicht werden. Auf der nächsten Registerkarte, die auf der linken Seite zur Auswahl steht, können wir Release-Informationen angeben, wie Sie im folgenden Screenshot sehen:

Als Release-Version geben Sie das an, wofür Sie das Theme geeignet halten. Da wir die erste stabile Version des Themes `cheese2` veröffentlichen, tragen wir unter RELEASE VERSION den Wert `1.0` ein. Aus dem gleichen Grund setzen wir RELEASE STABILITY auf STABLE, um anzuzeigen, dass das Theme für den Einsatz in der Produktion geeignet ist. Befindet sich das Theme noch in der Entwicklung, ist die Angabe eines passenden Stabilitätswerts für die Betreiber von Magento-Shops hilfreich, die nach einer stabilen Erweiterung suchen.

Als Letztes machen Sie im Feld NOTES noch zusätzliche Angaben über das betreffende Release der Erweiterung.

> **HINWEIS**
> Die Felder API und API Stability können Sie ignorieren, da sie sich auf Dinge beziehen, die für Magento-Themes nicht von Belang sind.

Projektbeteiligte

Der nächste Schritt besteht darin, die Projektbeteiligten (*Maintainer*) zu nennen. Damit haben Sie die Möglichkeit, anzugeben, wer an dem Theme mitgearbeitet hat. Klicken Sie als Erstes auf die Schaltfläche ADD MAINTAINER, die Sie im folgenden Screenshot sehen:

Nun haben Sie die Möglichkeit, wie im folgenden Screenshot Ihren Namen und Ihre Magento-Commerce-Anmeldung anzugeben:

> **HINWEIS**
> Einen Magento-Benutzernamen können Sie unter http://www.magentocommerce.com beziehen.

Der Hauptentwickler einer Extension (LEAD) muss als Kontaktperson angegeben werden.

Abhängigkeiten

Die nächste Registerkarte, DEPENDENCIES, dient zur Angabe der Abhängigkeiten Ihrer Anwendung. Da es sich bei unserer Erweiterung um ein Theme handelt, betrifft uns das nicht. Allerdings können wir im Feld PHP VERSION gefahrlos 5.2.0 als Wert für MINIMUM angeben, da dies die älteste Version von PHP ist, auf der Magento läuft. Als Wert für MAXIMUM verwenden wir 6.0.0.

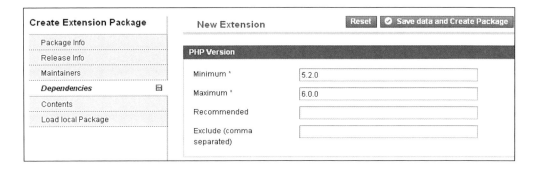

Anschließend können Sie Ihren Namen und Ihre Magento-Commerce-Anmeldung angeben.

Inhalte

Als Nächstes müssen wir auf der Registerkarte CONTENT die Inhalte unserer Erweiterung hinzufügen.

Für dieses Theme müssen wir zwei Inhalte erstellen. Die erste Rolle (ROLE) muss auf MAGENTO USER INTERFACE gesetzt sein, wobei der Wert für PATH auf unsere Layout- und Template-Dateien zeigt, also das Verzeichnis `frontend/default/cheese2`. Die zweite Rolle ist für den Skin des Themes da (MAGENTO THEME SKIN). Wie bei der Benutzerschnittstelle muss auch hier der Pfad `frontend/default/cheese2` lauten. Als Letztes setzen wir die Werte für TYPE auf RECURSIVE DIR. Damit sind alle Unterverzeichnisse innerhalb der im Feld PATH angegebenen Verzeichnisse eingeschlossen.

Jetzt können wir auf SAVE DATA AND CREATE PACKAGE klicken, woraufhin unsere Erweiterung im Verzeichnis `/var/pear` unserer Magento-Installation verfügbar wird.

10.3.4 Das Theme in der Magento-Community veröffentlichen

Wenn Sie Ihre Erweiterung auch anderen Betreibern von Magento-Shops zur Verfügung stellen möchten, müssen Sie die im letzten Schritt exportierten Dateien auf der Magento-Website (http://www.magentocommerce.com) bereitstellen. Erstellen Sie ein Konto (oder melden Sie sich an einem bestehenden Konto an) und suchen Sie im Abschnitt MY ACCOUNT die Option MAGENTO CONNECT. Hier haben Sie zwei Auswahlmöglichkeiten:

» COMMERCIAL EXTENSIONS
» COMMUNITY EXTENSIONS

Wählen Sie die passende Kategorie für Ihr neues Theme aus und folgen Sie den Anweisungen auf der Website Magento Connect. Sie werden darum gebeten, Angaben zu dem Theme zu machen, z. B. den Namen und eine Beschreibung, sowie Screenshots zur Verfügung zu stellen.

Wenn das Paket nicht erstellt werden kann

Wenn die Erstellung des Pakets fehlschlägt, sollten Sie überpruten, ob das Verzeichnis `/var/pear` über vollständige Lese-, Schreib- und Ausführungsberechtigungen verfügt.

10.4 Zusammenfassung

Ihr Magento-Theme ist jetzt vollständig! In diesem Kapitel haben wir Folgendes behandelt:

» Die letzten Aufgaben, die Sie vor dem Start des Themes im eigenen Magento-Shop ausführen müssen

» Erforderliche Bestandteile des Magento-Themes

» Verpackung des Magento-Themes für andere Benutzer

» Lizenzierungsmöglichkeiten für Ihr Theme

Stichwortverzeichnis

Symbole

<action> 134
<block> 135
.breadcrumbs 118
.content 118
<default> 86
.head 118
<head> 113
.header 58, 118
.header-nav 118
.legality 118
.links 60
#logo 118
<?php 104
<reference> 136
<remove> 138
.shop-access 118
.wrapper 118, 120

A

Abhängigkeiten 182
A/B-Tests 94
action 135
addCss 136
addJS 136
AddThis 148, 149
after 135, 164
API 181
API Stability 181
as 135, 137
Attributselektoren 164

B

before 135
before_body_end 109

Berechtigungen 50
Bilder
 – Ausdruck 163
 – ICO-Konvertierung 125
 – Speicherort 96
Blank-Theme
 – Aussehen 52
 – Definition 44
 – Erweiterungsschlüssel 44
 – Installieren 48
 – Layouts 80
Blöcke
 – Blockpfade 111
 – Inhaltsblöcke 39, 112
 – Layout 84
 – Layoutblöcke 135
 – Namen 135
 – Reihenfolge 135
 – Strukturblöcke 39, 111
 – Twitter 145
 – Zerlegen 111
Blockpfade 111
Breadcrumb-Navigation 65, 118, 166
BROWSERCAM 171
BrowserShots 172
Browsertestdienste 170
Browserübergreifende Tests 169
Browserverbreitung 170

C

Cache
 – Deaktivieren 124
 – Einschalten 175
 – Leeren 47
Cacties 26

STICHWORTVERZEICHNIS

Callouts
- Abmessungen von Grafiken 102
- Definition 71
- Druck-Stylesheet 160
- Einblenden 101
- Entfernen 71
- Saisonales Motiv 100

catalog_category_default 89
catalog_product_view 90, 92
Channel 180
Cheesy Cheese Store
- Erstes Theme 57
- Zweites Theme 107

CMS 24
- Inhalte hinzufügen 53
- Kategorien anzeigen 76
- Layout ändern 80
- Twitter-Feed 145

cms_page 90
Content Management System
- Siehe CMS 24

Copyright-Hinweis 118
Creative-Commons-Lizenz 180
CSS
- addCss 136
- Attribute bearbeiten 130
- Attribute ordnen 123
- Code zurücksetzen 119
- Druck-Stylesheets 155
- Farben 163
- Formatierung 119
- Formatierung des Ausdrucks 162
- IDs 118
- Klassen 118
- Speicherort von CSS-Dateien 96
- Zieladressen für Links 164

customer_account 89

D

Default Category 131
Delicious 148
Digg 148
Druck-Stylesheets
- Anzeigen 155
- Breadcrumb-Navigation 166
- Callouts 160
- Einschränkungen 159
- Farben 163
- Gutes Design 159
- Hintergrundbilder und -farben 161
- Layout 165
- Links 160, 164
- Logo 160, 163
- Schriftgrößen 164
- Serifenschriften 164
- Standard-Theme 156
- Überschriften 165
- Wichtige Bestandteile 160
- Zu entfernende Elemente 160
- Zuweisen 162

Druckvorschau 159
Dynamic Drive 125

E

eKomi 146
Erweiterungsschlüssel 44

F

Facebook 148
Farbschema 58, 130
Favicon 70, 125
Favoritensymbol 70, 125
Fehler 404 132
Firebug 59
float 121
Follower 140

STICHWORTVERZEICHNIS

Footer 63
- Bestandteile 116
- Formatieren 123

Formatierung
- CSS 119
- Druck-Stylesheets 155
- Footer 63, 123
- Header 121
- Links 62, 121
- Navigation 132
- Produktseiten 65, 129
- Schriftgröße 120
- Seiten 61
- Spaltenränder 61

Fußbereich
- Siehe Footer 63

G

Gecko-Browser 159
Gerüst-Templates 41
- Erstellen 108
- Zuweisen 110

getChildHtml 110
Get Satisfaction 146

H

Handles 84
- Andere als <default> 88
- catalog_category_default 89
- catalog_product_view 90, 92
- cms_page 90
- customer_account 89
- <default> 86
- Layout 134

Header
- CSS-Klasse 118
- Erscheinungsbild 58
- Formatieren 121

Hintergrundbilder 58, 161
Hintergrundfarben 58, 161
HitsLink 170

I

ICO-Format 125
Inhaltsblöcke 39
- Zweck 112

Inhaltsverwaltungssystem
- Siehe CMS 24

J

JavaScript
- addJS 136
- Dateien laden 135
- Einfügen 109
- Speicherort von JavaScript-Dateien 96

K

Kategorien
- Anzeigen 76
- Default Category 131
- Erstellen 74
- Navigation 131
- Wurzelkategorie erstellen 131

Kundenbindung 24, 28
- Twitter 142

L

Layout
- Ansichten 37
- Ausdruck 165
- Blank-Theme 80
- Blöcke 84
- Dateien 33
- Dreispaltig 80
- Einzelne Seiten 92

STICHWORTVERZEICHNIS

- Entfernen 137
- Erweitert 133
- Funktionsweise 134
- Handles 84, 134
- Layoutaktualisierungen 134
- Layoutblöcke 135
- Layoutverweise 136
- Mehrspaltig 38
- Seitenleiste 86
- Speicherort der Layoutdateien 88
- Standardlayouts 133
- Terminologie 84
- Überschreiben 90
- Verweise 84
- Verzeichnisstruktur 96
- XML 86
- Zweck 37

Layoutaktualisierungen 134
Layoutblöcke 135
Layoutverweise 136
LazzyMonks 142
Links 60
- CSS-Klasse 118
- Druck-Stylesheet 160, 164
- Formatieren 62, 121
- PHP-Code 114
- Zieladresse ausgeben 164

Locales 34, 95
Logo
- Ändern 66
- CSS-ID 118
- Druck-Stylesheet 160, 163
- In der Verwaltungskonsole ändern 116
- PHP-Code 115

M

Magento
- Anpassen 20
- Beispiel-Themes 21
- Beiträge 177
- Berechtigungen 50
- Blank-Theme 44
- Cache 47
- Druck-Stylesheets 162
- Einführung 17
- Interfaces 33
- Layout 79
- Merkmale 18
- Nachteile 18
- Standardlayout 133
- Standard-Theme 19
- Theme-Gestaltung 20
- Themes 33
- Trennung von Layout und Funktion 41
- Verwaltungskonsole 47

Magento Commercial Extensions 177
Magento Community Extension 177
Magento Core Extensions 177
Maintainer 181
media 161
Metadaten 113
Mia & Maggie 24
Mister Wong 148

N

Navigation
- Anpassen 131
- Anzeigen 131
- Ausdruck 166
- Breadcrumb-Navigation 65, 118, 166
- CSS-Klassen 118
- Formatieren 132

Nicht-gefunden-Seite 132
Nicht-Standard-Themes
- A/B-Tests 94

STICHWORTVERZEICHNIS

- Bestandteile 95
- Definition 34
- Einfach zurückzunehmende Themes 94
- Erstellen 99
- Zuweisen 97
- Zweck 93

O

Open-Source-Lizenz 180

P

Paginierung 117
PHTML-Dateien 33, 40
Produktseiten
- Anpassen 128
- Formatieren 65

Q

Quelltextanzeige 59

R

Rabatte 104
Raspberry Kids 21
Recycled Retriever 28
Release-Version 180

S

Schriftgrößen 120, 164
Seitenleiste 86
Serifenschriften 164
Skins
- Ändern 99
- Dateien 35
- Einführung 33
- Verzeichnisstruktur 96
Social Bookmarking 148
Socializer 148

Social Media 139
Sprachversionen 34, 95
Standardlayouts 133
Standard-Theme
- Abbildung 35
- default 19
- Definition 34
- Druck-Stylesheet 156
- Festlegen 50
- Strukturblöcke 40
- Überschreiben 35
Strukturblöcke 39
- getChildHtml 110
- Standard-Theme 40
- Zweck 111
Suchformular 59
Suchmaschinen
- Alternativtext 67
- Ergebnissse verbessern 130
- Inhaltshierarchie 130
- Metadaten 113

T

Template-Pfadhinweise 82, 111, 174
Templates
- Ändern 100
- Einführung 33
- Ersetzen 137
- Erstellen 108
- Gerüst-Templates 41, 108
- Nicht-gefunden-Seite 133
- Verzeichnisstruktur 96
- Zuweisen 110
- Zweck 40
Themes
- Abhängigkeiten 182
- Beispiele 21
- Bereitstellen 173

STICHWORTVERZEICHNIS

- Bestandteile 33
- Bestandteile eines Pakets 178
- Blank-Theme 44
- Blockpfade 111
- Browserstandards überschreiben 119
- Cacties 26
- Channel 180
- Cheesy Cheese Store 57, 107
- default 19
- Druck-Stylesheets 155
- Einfach zurückzunehmende Themes 94
- Einschränkungen 98
- Erweiterte Themes 107, 127
- Festlegen 125
- Gründe für Anpassung 20
- Grundlegende Elemente 43
- Hierarchie 35, 95
- Inhalte hinzufügen 53
- Installieren 48
- Kanal 180
- Lizenzierung 180
- Maintainer 181
- Mia & Maggie 24
- modern 36
- Nicht-Standard-Themes 34, 93
- Pakete erstellen 178
- Produktseiten 128
- Raspberry Kids 21
- Recycled Retriever 28
- Release-Version 180
- Saisonal 33
- Sprachvesionen 34
- Standard-Themes 19, 34
- Testen 169
- Unterschied zu Interfaces 33
- Veröffentlichen 183
- Verpacken 177
- Verzeichnisstruktur 95
- Zum Standard-Theme machen 50

Twitter
- Einführung 139
- Feeds aufnehmen 145
- Follower 140
- Kontonamen 141
- LazzyMonks 142
- Updates im Shop anzeigen 142
- Verwendung 142

type 136

U

Überschriftenelemente 165

V

Verwaltungskonsole
- Cache deaktivieren 124
- Cache einschalten 175
- Cache leeren 47
- CMS 53, 80
- Finden 47
- Gültigkeitsbereich für Skins 104
- Kategorien verwalten 74
- Logo ändern 116
- Nicht-gefunden-Seite 132
- Nicht-Standard-Themes zuweisen 97
- Template-Pfadhinweise 82, 111, 174
- Theme festlegen 125, 173
- Themes installieren 48
- Themes zum Standard-Theme machen 50
- Wurzelkategorie erstellen 131

Verweise 84

Vorgestellte Produkte 74

STICHWORTVERZEICHNIS

W
wrapper.phtml 117
Wunschliste 62

X
XML 84
XML-Dateien 33, 37

Z
Zeichenmaskierung 85
Zend PHT 18

informit.de, Partner von Addison-Wesley, bietet aktuelles Fachwissen rund um die Uhr.

www.informit.de

In Zusammenarbeit mit den Top-Autoren von Addison-Wesley, absoluten Spezialisten ihres Fachgebiets, bieten wir Ihnen ständig hochinteressante, brandaktuelle deutsch- und englischsprachige Bücher, Softwareprodukte, Video-Trainings sowie eBooks.

wenn Sie mehr wissen wollen ...

www.informit.de